中学物理实验教学研究和实践

丁海生◎著

四川科学技术出版社

图书在版编目(CIP)数据

中学物理实验教学研究和实践 / 丁海生著. —— 成都:

四川科学技术出版社,2022.12

ISBN 978-7-5727-0840-4

Ⅰ.①中… Ⅱ.①丁… Ⅲ.①中学物理课 – 实验 – 教学研究 Ⅳ.①G633.72

中国版本图书馆CIP数据核字(2022)第250060号

中学物理实验教学研究和实践

ZHONGXUE WULI SHIYAN JIAOXUE YANJIU HE SHIJIAN

著　　者　丁海生
出 品 人　程佳月
责任编辑　王　娇
助理编辑　陈　丽　张维忆
封面设计　中知图印务
责任出版　欧晓春
出版发行　四川科学技术出版社
　　　　　成都市锦江区三色路238号　邮政编码 610023
　　　　　官方微博 http://weibo.com/sckjcbs
　　　　　官方微信公众号 sckjcbs
　　　　　传真 028-86361756
成品尺寸　170 mm × 240 mm
印　　张　10.75
字　　数　215 千
印　　刷　天津市天玺印务有限公司
版　　次　2022年12月第1版
印　　次　2023年3月第1次印刷
定　　价　68.00元

ISBN 978-7-5727-0840-4

邮　　购　成都市锦江区三色路238号新华之星A座25层　邮政编码:610023
电　　话　028-86361770

作者简介 AUTHOR

··

　　丁海生，男，汉族，山东阳信人，本科学历，高级教师，从事物理课堂教学、物理实验教学。1998年9月以来，一直任教初中物理学科。2014年获得滨州市优秀教师荣誉称号，2010年获得阳信县教坛新星、阳信县物理学科教学能手称号；任教期间两次获得滨州市物理优质课二等奖；先后在《中学物理》《中学生数理化》《新课程研究》《中学物理教学参考》等刊物上发表多篇文章。一直致力于物理教学创新、高效课堂研究、物理实验对物理教学的促进研究。

前　言 PREFACE

....

　　实验不仅是物理学研究的基础，也是物理教学的基础。作为一名物理教师，必须贯彻以实验为基础的教学原则，掌握必备的实验技巧，注重实验教学的方式方法，指导学生进行实验的探究，培养科技创新型人才。通过对当前实验教学模式的分析，基于实验的层次不同和学生的基础不同进行针对性的实验教学，同时在教学中应进行综合性实验的设计，培养学生的综合探究能力。

　　在初中物理教学中，实验是支撑教学质量的一项主要任务，实验教学在初中物理教学中体现着主要作用，是实现初中物理教学效率不可或缺的措施。实验教学可以让学生直接参加到实验中，更能鼓励学生对物理的学习兴趣和增强其求知欲。学生在实践中能够对实验产生浓厚的兴趣，越来越容易把握与吃透物理知识。在保守的教学中，教师只是偏向于对知识的教学而忽略了实验能力的培养。认识到这种教学的弊端后，物理教师应重点关注对学生的实验教学，让物理实验课堂充分体现物理学科的魅力。通过实验教学的学习，增强实验操作能力及物理学科核心素养。在以往的实践活动中，通常都是先设定实践活动，再考虑活动目标，这样容易造成教学目标与实践活动脱节的表象，影响物理教学的课堂质量。物理教学应主要了解其概念，根据知识内容设定教学实践活动，增强学生的学习热情与学习信心，在过程中让学生感受到教学的趣味性，体验到成功的喜悦，从而增强学生的核心素养。这种方式能有效弥补以往教学实验活动的短处，使物理教学质量得到很大提高。概括实践活动的落实形式具有多元化的特点，其中有小组之间的谈论探讨学习、研究性学习、社会察访、劳作实践活动等，适当利用这些实践活动，有助于充实物理课堂培育的相关内容，拓展物理实验教学的广度和深度。

概括实践活动对初中物理实验教学有着主要作用。它不仅调动了学生的学习热情，而且培养了学生在实践中各个环节的能力，同时体现了物理这门学科的魅力所在。在实践中，学生的实践能力、开创能力、物理核心素养等都能得到很大提升，实现了初中物理实践活动与实践教学的双重目标。

目 录 CONTENTS

第一章 实验在物理教学中的地位

第一节　实验是学物理的基础

物理学是一门以实验为基础的科学，所有的物理概念、规律的发现和确立，都是在实验的基础上建立起来的。丁肇中教授对物理实验的重要性有过精辟的描述："所有的自然科学都是实验科学。再好的理论如果与实验不相符，那么理论就不存在。实验可以推翻理论，而理论永远无法推翻实验。因此实验对于自然科学来讲非常重要。"杨振宁院士也告诫我们："绝大部分物理学是从现象中来的，现象是物理学的根源。要面对最原始的问题，站在问题开始的地方，而不要淹没在文献的海洋里。"

因此，在物理教学中，教师要重视物理实验的地位。每一位物理教师都要明白一个道理：物理实验是物理学的基础，要上好物理课就要动手进行实验，针对学生的疑难、困惑，想方设法构思用实验展示的方式，还物理学科的本来面目。

一、实验是学物理的基础

如果我们对物理这两个字做一个解释，可以这样理解：物就是事实证据，理就是理性思维。这就要求我们在开展物理教学时要遵守两条铁律：一是以实验为基础，二是以思维为中心。

美国教育心理学家布鲁纳认为，大量事实都表明，直觉思维对科学发现活动极为重要。直觉思维的形成过程一般不是靠言语信息，尤其不靠教师指示性的语言文字。直觉思维的本质是映像或图像性的。所以，教师在学生进行探究活动时要帮助学生形成丰富的想象，防止过早语言化；与其指示学生如何做，不如让学生自己试着做，边做边想。

按照布鲁纳的学习理论，学生学习一个新的知识需要经历三个阶段：直接经验，图像经验，最后才是抽象经验。所以，教师应首先让学生通过实验观察来感知物理现象，这就是直接经验；通过物理表象来形成物理图像，这就是图像经验；最后通过物理抽象来建构物理知识，这就是抽象经验。可以看出，物理教学中如果没有实验就无法真正完成物理知识的构建，这就是说，实验不仅是物理学的基础，也是学物理的基础。

令人遗憾的是，在如今的物理教学中，实验仍是最薄弱的环节。很多物理教师擅长讲授法，只要能用语言来叙述的，就不愿意动手去做；大部分学生善于运算，而弱于动手，如果问学生钟表的时针和分针一昼夜相遇几次，他们埋头就算，而很少想到去拨弄一下自己戴着的手表。因此，中学阶段的教学必须以实验为基础。

传统教学中落后的教育观念和方法妨碍着对学生创新能力的培养。反映在物理教学中，就是应该做并且有条件做的许多重要实验被人为地取消了，或者只在"黑板上做实验"，造成学生"听实验、背实验"。这样做的严重后果是，学生能力结构不完整，缺乏创造性和开拓精神。因此，我们应重视实验在物理教学中的作用，因为实验不仅是研究物理问题的重要手段，也是学习物理的重要方法。特别是初中物理实验在整个教学中确实起到了激发兴趣、唤起追求，引导认知、启发思考，指导方法、拓展思路，培养能力、养成习惯的作用。

（一）实验能激发学生的学习兴趣

实验能够迅速地激发学生的学习兴趣和追求欲望，激发学生的求知欲，使学生形成持久而稳定的学习兴趣，是学好物理的重要环节。中学生由于理性思维能力较弱，没有形成明确的学习目标，又缺乏恒心，所以在教学中调动学生的学习积极性，激发学生的学习兴趣是教学的关键。要把握好这一关键，必须通过一些现象明显、趣味性强、印象深刻的物理实验引发学生的好奇心，从而调动学生的积极性，激发学生的求知欲。例如，在讲"浮力的应用"时，可以找一只密封性好的塑料袋，用双手将塑料袋撑开，口朝下，把它靠近点燃的酒精灯的正上方缓缓加热。过一会儿松开双手，便会看到"热气球"冉冉升起，一直上升到几米高；再过一会儿，等袋内空气温度下降后，还能看到"热气球"缓缓下落。通过这个实验，可以增强学生探究物理现象的主动性，激发学生探索奥秘的欲望。

（二）实验能提高学生的应用能力

物理教学应当重视物理知识在生活实践中的应用，体现理论联系实际的教学原则，培养学生解决实际问题的能力。例如，在讲"惯性、惯性现象"这一节内容时，可以让学生利用手中的笔帽和纸条，探讨"怎样做才能把纸条抽出而笔帽不倒"的问题。学生议论纷纷，探讨问题产生的原因，最终在教师的帮助下得出结论。然后，教师再请学生想一想在实际生活中的惯性现象，学生会举出很多例子：汽车紧急刹车时，乘客向前倒；跳远运动员先跑一段距离才起跳；为了防止高速行驶的汽车紧急刹车时乘客由于惯性而撞伤，小型客车的驾驶员和前排乘客必须使用安全带等。由此，学生不但通过动手实验获得了乐趣，而且提高了应用知识、分析问题、解决问题的能力。

二、实验能培养学生的创新能力

知识是能力的载体，而创新是能力的灵魂，素质教育的核心就是培养学生的创新精神和创新能力。因此，在物理教学中，尤其在实验教学中，教师必须改革教学方式，充分发挥学生思维的主体性，促进学生创造性思维的发展，提高学生的创新能力。例如，在学习平面镜成像时，教师布置学生拿两个平面镜，平行相对而立，中间放一个玩具小人，再从镜子一旁看并提问："你们看到镜子里有几个玩具小人的像？"起初，学生的答案都不能令人满意，经过争论和实验，学生激动地对教师说："我们从镜子里看到一列小人，有无数个像！"教师及时鼓励和启发他们动手创造，结果有个学生制成了一个名为"万里街"的小作品。长此以往，教师坚持开展多种创造性活动，就能培养起学生的创造力。

三、实验能培养学生的实践能力

实验需要学生实际去操作，通过摆放器材、组装仪器、调节设备等活动来培养学生的实践能力。物理课本中的小制作、小实验，教师可亲手做，也可指导学生做，充分调动学生的主观能动性，充分发挥学生的主体作用。操作的同时，教师要引导学生观察，不断启发提问，引导学生分析、讨论，使学生参与到实验的操作和推导中来。例如，在做"马德堡半球"演示实验时，教师可先让两个力气大的学生上讲台来拉两个半球，学生无论怎样拉都不能将两个半球拉开。然后，教师打开活塞，让空气进入半球中，这时再让两个力气较小的学生来拉，他们却轻松地将两个半球拉开了。两相比较，总结得出大气压强不仅存在，而且大气压强还不小。这样就可以给全体学生留下深刻的印象。通过实际操作，在激发学生兴趣的同时，还可以培养学生的实践能力，使学生对知识掌握得更系统、熟练。

物理实验本身不仅是技能的操作，还是科学品质和科学态度的锤炼。教师在做实验时，要给学生示范规范的操作方式，通过边做边讲，让学生感知操作的要求、方式、实验的步骤和方法，培养学生的动手能力，提高学生的操作技能，同时培养学生的阅读、识图能力。教材中有许多关于实验的原理图、装置图及说明，如果把这些内容看清楚、弄明白，那么，相应的概念、定律、公式也就易懂了，这方面技能的培养是离不开实验的。

教师要通过一个又一个的问题、一步又一步的设计和操作，让学生动口、动手、动脑，促进学生思维的发展，培养学生实事求是的科学态度，帮助学生提出新的看法，形成解决实际问题的能力。

第二节　实验教学的操作策略

实验教学是构建物理知识、概念和规律的重要途径。在教学实际中，教师要有针对性地对物理实验课堂的教学方法、教学模式进行研究，切实提出实验教学改革的策略，有效地激发学生学习物理的兴趣和好奇心，激发学生强烈的问题意识和探究欲望，从而让学生的天性得到充分发挥，这也体现了"以学生发展为本"的理念。

一、巧用趣味实验，激发学生的兴趣

教学实验的重要意义不仅可以培养学生的组织能力、解决问题的能

力，而且还能激发学生的创造性，活跃学生的思想，同时创造有利于学生个性发展的和谐环境。而传统的教育思想强调教师讲，学生被动接受，这只能扼杀学生的创造精神。所以，开展实验教学应当确立学生是主体的观念。承认学生是学习的主体，不只是让学生跟着教材或教师的思路重复一遍实验过程或是再现一个已有的实验现象，更重要的是，要把学生摆在主人的地位，让学生在积极的课堂氛围的激励下，去发现、去创造，从而有所收获。在这种气氛下，教师也能培养学生积极乐观向上的态度。

趣味物理实验更容易激发学生学习物理的兴趣。趣味物理实验一般有简单、形象的特点。正是基于这样的特点，学生才会更容易自己动手操作，从而培养学生的自我探索能力。

正如一位国外教育家所论述的，学生在课堂上不仅应掌握一定数量的知识，而且应努力设法通过学习材料表现自我。这就是展示自身力量的审美积极性的源头。当学生的积极性被充分调动起来后，当学生处于发现和创造的氛围之中时，当学生自己用心去体验、去发现、去创造时，学生的知识和能力就会迅速得到充实和提高。

在学习物理的过程中，如果学生对物理具有浓厚的兴趣，就会积极主动地去学习，超乎寻常地去研究物理问题。巧用趣味实验引入新课，可以增强学生学习物理的兴趣。在物理教学中，良好的开端是成功的一半，新课的引入是课堂教学的重要环节。精心设计新课的引入，犹如乐曲的前奏，起着提示主题、激起学生兴趣、帮助学生进入情境的作用。设计趣味物理实验引入新课，不但可以将学生上课前分散的注意力集中起来，更重要的是能引起学生浓厚的兴趣，把学生迅速带到学习物理的环境中去。

在初二刚开始学习物理的第一节课上，教师可以引入"唱歌的高脚杯"这个实验，往高脚杯中倒水，用手指去摩擦杯口，会听到悦耳的声音。尝试不同的水位，会听到不同频率的声音。

因为这个实验趣味性很强，又便于操作，而且大部分人在日常生活中并没有亲自这么做过，这就会很自然地激起学生的兴趣，学生就会想："为什么不用敲击，而仅仅是摩擦杯口，杯子就能发出如此动听的声音呢？"从而一下子将学生的求知欲激发出来。其实，用手指摩擦或用棒击打杯口都是一样的，目的都是使杯子振动发出声音。水位不同，水位高时（即水较多时）杯壁受到的阻力较大，不容易振动，所以振频较慢，音调比较低；相反，水位低时杯壁受到的阻力小，容易振动，所以音调高。

我们还可以引入"烧不坏的纸杯"这个实验：往纸杯里倒些水，用钢丝从中间穿过纸杯口，架在两个高脚杯之间，下面点上蜡烛。过几十分钟就可以看到纸杯上方热气腾腾了，而纸杯却完好无损。这个实验可以让学生和教师一起来做。若起初用一张普通的纸折一个杯子，挂在铁架台上，往里面倒上水，实验就不会像想象中的那么简单了，学生会发现纸杯很快就会被水浸透而软化。这时，教师可以让学生想办法，思考如何才能顺利完成这个实验，充分调动学生的创造性。

在进行这个实验的过程中，学生会提出这样的疑问：为什么水烧热了，而杯子没有坏呢？答案或许会众说纷纭。实验结果的出乎意料很容易调动起学生探究的积极性，这时教师就可以很自然地将学生引入物理的殿堂了。巧用趣味实验讲解新课，引导学生深入探究规律。物理学离不开实验，物理教学更离不开实验。教师在讲解新课时做几个有趣的物理实验，既可以培养学生的学习兴趣，又可以使学生更容易理解所学的知识，加深学生的记忆，使学生过目不忘。

二、巧用趣味实验巩固知识，引导学生主动应用规律

在巩固知识时，做实验的效果通常比做试卷的效果要好。很多中学生学习物理的兴趣不能维持很久，他们存在的普遍问题是对物理概念、规律一知半解，从而产生疑惑，感到莫大的压力，导致听课开小差，做作业时头痛。久而久之，恶性循环下去，他们就会逐渐失去学习物理的兴趣。因而，设计针对性的实验，解决学生学习物理的瓶颈问题，是培养学生学习兴趣的重要一环。

巧用趣味实验拓展知识，倡导学生关注生活中的科技知识。为了有效地完成物理教学任务，充分调动学生学习物理的兴趣，十分有必要把物理实验延伸至课外。因为课外实验具有较强的自主性、灵活性和趣味性，特别容易被学生所接受和喜爱。大自然和日常生活是学生学习物理的开阔的大课堂，有意识地引导学生观察自然界中有趣的物理

现象，对培养学生学习物理的兴趣大有裨益。

清晨，我们会经常看到叶子上有露珠，这个时候，我们就可以利用露珠设计一个实验：用针刺露珠是刺不破的，这到底是为什么？塑料纸上的露珠遇到肥皂后瞬间坍塌，而树叶上的露珠在遇到肥皂后却没有明显的现象，这是为什么？由于水的表面有张力的作用，所以水滴总是会呈球形，同时由于表面张力的作用，用针刺露珠时，露珠不会被刺破。肥皂属于一种表面活性剂，它能够使液体的表面张力下降，所以塑料纸上的露珠在接触到肥皂后坍塌了；而树叶相对于塑料纸来说，其和水是不浸润的，露珠更容易凝结成一个球，所以树叶上的露珠用肥皂触碰后坍塌的现象不明显。学生在亲自做过这一系列实验后就会用所学的知识解决问题，当然，之后的疑问则需要他们继续探索和研究。通过这些探究，学生在弄清楚到底是为什么后，成就感将是巨大的，这自然可以激发他们的学习热情。

趣味物理实验教学是物理教学的一个重要手段，教师在课堂上和学生一起做趣味实验，也是一个探索的过程。趣味物理实验不仅能培养学生的动手能力，还能培养学生的意志品质和心理素质。趣味物理实验不是课本上的演示实验，它更强调学生的开放性思维，许多时候并不是想成功就能成功的，需要学生不断地摸索和探究，从而培养学生的综合素质。实践证明，趣味物理实验教学对培养学生的素质有着非常重要的作用。教师开展趣味实验教学不仅要让学生掌握知识，更要充分利用这一手段对学生进行素质教育。

三、学起于思，思起于疑

所谓设疑就是在教学活动中，教师设计学生未曾想到或虽有认识但似是而非的问题和情景。巧用物理实验设疑，就是用物理实验创设学生未曾经历的实验情景，或让学生感到不可思议的实验现象，从而产生疑问。学生在解疑中猜想、思考、分析，使物理实验成为引发学生有效思考的重要手段。现象对比造疑，引导主动猜想。教学中，教师可以设计几个对比实验，让学生在实验观察中体会物理规律，引发学生的主动猜想和问题探究。

以对比实验的体验中学习自由落体运动的规律为例。在自由落体运动教学中，教师可以通过设计三组趣味对比实验，让学生获得强烈的对比体验，使学生在多个实验的对比中学习自由落体运动规律。

实验1，先从同一高度同时由静止释放一枚硬币和一张纸，结果硬币下落得快。学生结合生活经验大胆认为，重的物体下落得快，轻的物体下落得慢。教师再取一张相同的纸，将其中一张揉成纸团，再次从同一高度由静止释放纸团和纸，结果观察到纸团下落得快。然后从同一高度释放硬币和纸团，两者下落的速度几乎相同。通过上述对比实验，学生获得直观的体验，引发学生思考：既然物体的下落速度与物体重量之间没有直接的关系，那么是什么因素导致了物体下落的快慢呢？这为进一步的探究创造了条件。

实验2，取三只量筒A、B、C，并排放在水平桌面上，量筒B、C分别装上清水和肥皂液。将三只相同的铁球从量筒口同时释放，观察铁球运动的快慢。然后在量筒A中加入清水，用铁球和塑料球分别在量筒A、B中重复以上操作，观察两球下落的快慢。通过上述对比实验，学生可以得出阻力对物体下落有影响，阻力越大，影响也越大；阻力越小，则影响越小。

实验3，"牛顿管"实验——将管抽成真空，可以看到羽毛与铁片下落速度相同。通过羽毛和铁片的对比实验，可以得出关键性的结论：如果没有阻力，物体只受重力作用，则由静止开始下落的物体的运动快慢都相同，物理学上将这种运动定义为自由落体运动。

通过这一系列的对比实验，自由落体运动的概念就自然产生了。"事实的真相通常隐藏在背后"。设置系列对比实验，主要是让学生获得一系列的直观体验，在体验中产生矛盾和疑惑，并引导学生从不同的实验现象中去发现问题，寻找规律，提高学生分析问题、解决问题的能力。这样的设计一方面实现了学生自主学习、自主探究的学习过程；另一方面，学生在对比中发现和体会现象背后隐藏的规律，很好地实现了过程与方法的教学目标。同时，学生对猜想的交流和问题的解答，可以使课堂成为学生展示才能的舞台，学生间的交流、合作学习得以实现；成功的猜想也会产生一种积极的情感体验，会将学习情绪从一个学生感染到其他学生，实现由对实验现象的猜想到对物理本质认识的心理转化。

突出奇效激疑，引导深究原因。教学中，为了更好地引导学生进行深入探究，教师可设计让学生感到不可思议的实验现象或产生奇特效果的实验，从而激发学生的疑问。这样可引导学生从观察到的奇特实验现象去深究其原因，有效激发学生主动探究的欲望，使学生在探究中体验奇特现象背后隐含的物理原理。

创设意外挖疑，引导尝试新论。教学中，为了让学生建立新的观点，教师需要让学生对原有观点存在的问题有一个深刻的体验过程。对此，教师可设计让学生用原有观点无法解释的意外实验，从而挖掘疑问。这样就可引导学生在无法解释的实验现象中重新审视原有的观点，在对原观点的补充、完善中尝试建立新的观点、新的理论。

第二章 中学物理实验教学概述

第一节　中学物理实验概述

中学物理教学过程中，涉及的物理实验类型较多，每种类型的实验及教学要求、教学功能也不一样。本节把中学物理实验进行分类，并将演示实验和探究实验这两种常见类型进行了概括。

一、中学物理实验分类

中学物理实验有不同的分类方法。

按照实验的形式划分，可分为课内实验与课外实验。课内实验顾名思义就是利用物理课堂时间开展的实验；而课外实验是课堂教学内容的延伸和补充，可以是课外兴趣实验设计、实验探究，也可以是与学生动手操作任务有关的课外考察参观、课外制作演示等。

按照实验的目的划分，可分为探究实验、验证实验、测量实验。探究实验的目的是让学生体验物理概念和规律的建立过程；验证实验的目的是让学生检验物理规律的可靠性以及熟悉操作过程；测量实验的目的是让学生熟悉实验的操作，训练操作技能和数据处理，并非严格意义上的实验。

按照实验的主体划分，可分为演示实验、边教边实验、学生实验、学生观察活动。演示实验是指由教师动手操作示范、学生观察的小型实验活动；边教边实验是指由教师示范解说、学生参与的共同实验活动，这种实验一般是教师在需要对照仪器使用说明逐步讲解，或者是在需要结合实验现象才能解释清楚教学内容的时候所做的实验；学生实验是指由学生自己动手操作，独立或分组完成实验过程的大型实验活动，通常又叫学生分组实验、学生探究实验；学生观察活动是指由学生参与的观察体验活动，丰富教师演示实验的内容，灵活多样，属于小型的实验活动。

二、演示实验概述

（一）演示实验教学要求

演示实验虽然过程简单、器材简易、现象易观察，但是演示实验也有规范性、科学性等方面的要求。

1. 确保成功

演示实验虽然仪器设备比较简易，但如果演示过程不够严谨，演示条件控制不够，教师演示比较随意，会导致实际教学中有些演示实验不够成功，达不到演示实验的教学目的。确保演示实验成功的要求主要有三个方面。一是准备充分。教师对演示实验的器材、演示过程、演示现象做好充分准备，反复改进，直到能够成功演示。二是掌握实验原理，控制实验条件。例如，静电实验演示出现不成功的情况，最可能的原因是电压升高，绝缘体变成了导体，电荷"漏"了。掌握这个原理，控制绝缘条件，是这个实验成功的关键。三是注意环境因素。有些演示实验的成败与环境的湿度、温度、稳定性等因素密切相关。例如，静电实验要在干燥的空气中进行才能成功，因此，控制环境因素是使演示实验成功的重要因素之一。

2. 器材简易

演示实验所使用的器材和装置应尽量简易。多年来，物理教育界一直倡导低成本实验，鼓励教师利用生活中的常见物品作为演示器材，操作方便易行。例如，用矿泉水瓶子做成演示液体压强、浮力、超重失重等现象的器材。注射器、塑料泡沫、塑料袋、易拉罐、毛刷等均可以单独或组合成为中学物理演示器材。

3. 现象清晰

演示实验应具有良好的可见度，能够让所有学生都能清楚地看到。通常的演示实验，教师在讲台前面演示，只有教室前面的学生看得清楚，教室后面的学生通常看不清楚，这样便降低了演示的效果。增强演示的清晰度的方法通常有三种。一是放大法。将一些微小的不易观察的物理现象和仪表数据进行放大。例如，将玻璃瓶的微小形变用细管子中水柱的上升进行放大，将实际电流计换成演示电流计进行放大。二是衬托法，在演示背景中增加衬托或改变颜色，通过对比增加现象的清晰度。例如，演示压强计里水面的升降可以将水染成红色或黑色，在水管的背面增加画了粗横线的白色屏来衬托。三是强化法。通过增加学生多重感官刺激来强化对物理现象的注意，使现象清晰。例如，在演示电流的热效应时，把火柴头触碰到发热的电阻丝上，既能使学生看到烟和火，又能听到声音，强化了对这一现象展现。

4. 过程科学

演示实验过程必须符合科学性要求，不能敷衍应付，更不能弄虚作假。常见的演示实验不科学的情形有两种。一是所演示的物理现象不明显或者没有出现预期的现象，教师进行牵强附会的粉饰或者为失败找借口、找理由。教师对待演示实验的态度必须是严谨的、实事求是的。二是人为改变实验原理，利用不符合物理科学原理的器材制造假象。例如，教师在演示直流电动机换向器的作用时，为了让线圈转过平衡位置能继续保持转动，将线圈的一边加重，利用重力作用维持线圈换向，这样的演示就违背了科学性的要求。

5. 安全可靠

演示实验必须考虑安全第一，不能以师生的身心不快作为演示的代价，更不能对师生造成任何生理和心理的危害和伤害。例如，用笔尖演示压强，用液态水银演示大气压，用液态丁烷演示膨胀做功，用高压电演示电路特性等，在演示实验中涉及有毒、易燃、易爆、高压等问题时，都必须慎重考虑其是否安全可靠，确保做到万无一失。

（二）配合讲解

演示实验不仅仅是教师操作、学生观察的单向过程，教师应该在演示过程中配合恰当的讲解，使演示达到最佳效果。演示配合讲解主要有：演示前的介绍、提问，演示中的启发提示，演示后的推理分析。教师在演示之前一般要简单介绍所做演示实验的器材、演示的目的，然后提出问题，引起学生对演示的期待。在演示过程中通过语言提示学生注意观察的重点，启发比较和联想，思考现象产生的原因。在演示结束时要通过讲解引导学生对实验现象进行分析、推理，或得出结论，或发现值得探究的问题。

三、做好演示实验

演示实验是教师施展教学艺术的最好机会。能化抽象为具体，化枯燥为生动，把要研究的物理现象清楚地展示在学生面前，能引导学生观察、进行思考，配合讲授使学生认识物理概念和规律，达到"事半功倍"的效果。实验的内容选择设计、演示过程等对学生掌握知识、培养能力、学习方法有重要意义。在进行演示实验前，教师可以根据实验内容或现象提出一些简单、有趣味性的问题，让学生去猜想，带着悬念去观察实验。学生在好奇心的驱使下，就会积极主动地参与课堂实验。

创造良好的条件，让学生人人动手，个个有机会操作实验。传统教学中，演示实验都是教师做，学生看，观察效果差。学生按教师的思路去观察实验，不利于提高对实验现象的认识和理解，学生的观察能力和创新能力得不到发展和锻炼，直接影响学习兴趣。

师生合作共同做演示实验，引导学生积极参加教学。教师单独做演示固然有操作快捷、讲解清晰等优点，但也有很多不足的方面：一是学生处于旁观地位，缺乏参与意识。二是教师读数或宣布实验结果时，学生半信半疑，总认为教师做了加工，缺少客观性。三是课堂情景呆板，变化少。师生合作做演示或教师引导学生做演示实验的好处是学生轮流操作，加强学生参与感，而且每人都有机会。学生相信他的伙伴读数不会做假，并有一种亲切感，课堂气氛更活跃。此外，学生操作读数出现错误时，教师还可以做出纠正，加强教学效果。例如，在讲"蒸发吸热"时，教师在讲台两侧各置一铁架台，并各固定一支温度计，其中一支温度计的下端包有酒精纱布，另一支不包。请两名学生在黑板上记录每隔半分钟温度计显示的温度。再请两名学生用扇子对温度计扇风，教师站在一旁问全班同学："两支温度计的温度会怎样变化？"学生答："温度都降低。"但最后的记录显示：没有酒精的温度计温度不变，而包有酒精纱布的温度计温度可降低4～7℃，激起了学生的思考。

演示实验配以简易的学生随堂小实验，例如，在做"摩擦起电"演示实验时，让学生用塑料钢笔杆在头发上摩擦吸引小纸屑，加强学生对实验的参与。又如在做"音叉振动发声"实验时，让学生大声读课文或唱歌，同时用两手捏喉管感受声带的振动。再如在"伏安法测电阻"实验中，可将学生分成三个大组：向第一组提供电压表和电流表；向第二组只提供电压表；向第三组只提供电流表（其他器材满足实验要求）。有意识地给学生制造问题，创造条件，让学生放开手脚，大胆地设计实验，使学生不仅能完成实验，而且还可以设计多种方案。这些例子都使学生学习探索的兴趣大为提高。

把握好实验探究中的扶与放，注重实验设计的引导，培养创新能力。根据初中学生的年龄特征和知识结构，通常采用教师指导下的小组合作式探究性学习。当探究内容符合学生认知水平时，可让学生自己提出并确定研究问题、自主设计实验方案、选择探究方法、开展探究活动；但当学生在探究学习中遇到困难或偏离主题时，应及时给予适当的指导和帮助，让探究活动少走弯路。

四、探究实验概述

（一）探究实验教学要求

探究实验是中学物理科学探究教学的重要内容。为了体现科学探究的要素，达到实验教学的目标，教师在实施探究实验教学过程中应注意以下要求：

探究实验源于科学问题，真正的科学问题应来自客观的物理情境，学生只有在物理情境中通过观察思考，产生疑惑并激发求知欲，才能充分调动实验兴趣和动机。教师在探究实验开始之前，应充分展示物理现象，营造良好的探究情境。例如，在"寻找等效力"的探究实验中，教师要将生活中有趣而实用的"合拉""劈尖"等力的现象充分展示给学生，甚至可以让学生参与体验活动，启发学生在这些物理情境中思考一个力与另外两个力的大小和方向的关系。顺利完成探究实验需要学生具备一定的实验能力，主要包括实验设计能力、数据处理能力、归纳总结能力。学生在开始实验之前应选取实验方案、设计实验步骤、选择实验器材、设计记录表格等。实验操作结束时，学生还要快速合理地处理实验数据，并注意处理数据的方法、工具、速度、合理性等，这也是学生实验能力的重要方面。根据实验数据处理结果，学生还要能够归纳总结得出实验结论，即建立某个概念或者发现某个原理。例如，在"密度"探究实验中，学生要能够从几类物质的质量与体积比值中，归纳出"同种物质的质量与体积比值相同""不同种物质的质量与体积比值一般不同"，最后总结出"这个比值反映了物质的属性，叫物质的密度"。

（二）培养操作技能

探究实验教学需要培养学生熟练的实验操作技能，包括仪器组装、连接、调试、使用、读数的技能。仪器的组装连接技能就是要求学生能熟练地将实验中用到的仪器正确合理地放置并组装在一起。例如，在"水的沸腾"探究实验中，学生要能够把酒精灯、铁架台、烧杯、温度计调试在合适的高度，便于加热和温度测量。仪器的调试和使用技能是要求学生对仪器进行调零、校准、调节平衡以及选择合适的量程、合适的使用环境等。

（三）学习实验方法

物理实验方法包括控制变量法、转换法、等效替代法、类比法、图像法、归纳法、验证法、理想化实验法等。在探究实验教学中，应让学生通过实验设计学会以上这些常用的实验方法。例如，在探究牛顿第二定律、欧姆定律的实验中，培养学生学会采用控制变量法研究某一量的变化引起另一个量变化的关系。在伏安法测电池电动势的探究实验中，培养学生学会使用电压表、电流表转换物理量的转换法。在探究力的合成与分解、运动的合成与分解实验中，理解物理中的等效替代法。本书中提到的其他实验方法，也应在中学物理探究实验教学中体现。

五、丰富实验内容

实验是学习物理的基础，也是物理课程中的主要内容。它主要是通过借助实验设备对物理中规律进行探索、总结。通常情况下，实验包含的形式多种多样。一般有演示实验、探究实验等。在具体教学时，学生通过实验对物理现象进行观察，对物理中的原理进行思考研究，从而全面掌握物理知识，不仅完善了知识体系构架，还开发了学生的智力，培养了学生的动手能力。在以往的实验教学过程中，教师多把课堂上的演示实验作为重要实验教学内容，而忽略了探究实验、课外实验等内容，存在一定的失衡现象，忽略了学生这一主体。而且，在教学时，多是以"口头式"为主，导致课堂氛围枯燥乏味，大大减弱了学生的学习热情。21世纪以来，我国的科技水平取得了很大的进步，用于物理实验的设备越来越先进，种类也越来越繁多，外加各种思想上的转变，为其创新奠定了物质和思想基础。

（一）在演示实验中，加大实验的可见度

演示实验是物理教学中的重要环节之一。它能使学生最直观地对物理内容做到初步了解，建立概念模型，为探索物理规律打好基础。优秀的演示实验可以为课堂铺垫一个良好的气氛，引起学生的好奇心，提高他们的学习兴趣。所以，在演示实验中，要使其可见度加强，保证每个学生都能看到，都能学到。比如在做"并联电路"实验时，对实验中要使用的各个构件都要按顺序排列好。选取位置最好是讲台，高度适中，使学生都可以看见。在实验之前，对要使用的用具都作一一介绍，具体包括它们的作用、使用时需要注意的事项等，让学生在观看时思路可以更加清晰。

（二）采用探索式方法，使教学形式更加新颖

从学生的角度出发，突出学生在物理实验中的主体性质。将"要我学"变成"我要学"，提高学生的探索能力，充分调动学生的动脑动手能力，激发他们的创新思维。比如在进行与浮力有关的实验之前，可以让学生对其影响因素进行事先的猜想，然后让学生分组对猜想结果进行分析和讨论，这不仅能够加强学生与学生之间的交流，还能活跃课堂氛围，使实验教学成为一种探究式学习。

（三）从教材内走向教材外，丰富实验内容

初中物理教材中，对实验教学的内容编写有一定的局限性，不能满足实验需求。要想使实验教学发挥更好的效果，应该多尝试一些教材中没有提及的实验，使学习内容得到补充，做到举一反三。比如可以对已有的一些设备进行重组，自制出比较新奇的设备；或者对生活中出现的一些小物件进行加工，作为实验用具。这样不仅可以有效节省设备资源，而且可以使实验器材更加新奇化，对学生自主探索起到了很好的示范作用，培养他们对物理实验的热爱之情。对于物理实验不感兴趣的学生，要指导他们树立正确积极的心态，投入物理实验中去。

（四）培养学生的独立能力，使实验教学更具自主性

在实验教学时，应该为学生留出更多的自主操作时间。在选择实验器材时，做到让学生自主选择，尊重每一位学生的想法，使不同学生都能得到个性上的施展。在进行实验操作时，要做到适当地"放手"，让学生在自我摸索中获知实验要领，并做到及时反思和总结。另外，在实验设计步骤、实验结果分析等步骤中，都要尽量让学生独立完成，培养他们的实验能力。同时，还应鼓励每一位学生多提出实验中的困惑之处，并就具体问题发表自己的独到见解，并提炼出富有新意和创造性的问题。这不仅能大大提高学生的自信心，还能使学生在日常生活中养成独立自主思考的好习惯。

创设必要的物理情境，培养学生的创新思维，学生的创新思维是实验教学创新的重中之重。良好的情境设定是创新思维的源泉。在进行实验教学时，要注重情境的影响力。可以建立相对独立的实验教室，让学生有身临其境的感觉。在实验教室的经费投资上，可以加大投资力度，为良好情境的设定奠定基础。让学生在学习过程中，感受到物理学科的魅力，提高学习热情。同时，要指导学生从不同角度去考虑问题，不要局限在常规思维中。对于实验中出现的问题，要大胆尝试，对于解答问题的方法，要多方位考虑，做到别出心裁。以此来培养学生善于思考的能力，从而扩散学生的创新思维。

第二节 中学物理实验教学的现状

一、实验教学与物理实验教学

（一）实验教学

19世纪初期，科学开始进入学校。从那时起，实验教学就在科学教材中占有重要的地位。在使用美式英语的国家，实验教学被称为"laboratory activities"；在使用英式英语的国家，实验教学被称为"practical activities"。在科学进入课堂将近200年的时间里，实验在科学教育中的使用很频繁，以至于人们感觉对这一术语没有必要进行

定义。学校实验包含着一系列丰富的内涵。V. N. Lunetta 等人认为学校实验这一术语是指在学校环境中，学生通过接触具体物体或二手的数据（如天文照片和虚拟实验等），来观察和理解物质世界的经历。这些活动既包括学生个人的实验、小组或班级的演示实验，也包括持续数周的探究或项目研究以及在校外进行的相关活动。在韦氏大词典中，"experiment" 的词义是为了揭示未知事物所进行的活动或过程，"laboratory" 的词义是进行科学实验或研究的地方或建筑物，"demonstration" 的词义是使事情变得明显、易懂的活动、过程或手段。

意大利人、耶稣会传教士利玛窦于1582年来中国，以此为标志，我国的西学东渐活动开始，西方的科学技术知识开始传入中国，我国也进入近代科学的萌芽阶段。在西学东渐的大背景下，大量的科学著作被带到中国，并通过口授或者翻译为国人所了解。在这一过程中，科学术语也随之被翻译过来。在我国物理学发展早期，影响最深远的是由江南制造总局翻译的《物理学》。这本书是日本的物理学家饭盛挺造的著作，由腾田丰八和王季烈翻译。这是我国第一部全面系统的物理学书籍，我国的"物理学"这一术语也是在这本书中开始被使用的。在这本书中，"experiment" 被译为"试验"。查找中国期刊全文数据库和20世纪我国中小学物理学科课程标准和教学大纲发现，1949年前演示实验被称为"表演实验"或"示教实验"，直到1956年，"演示实验"这一术语才出现在中学物理教学大纲中，与此同时，其他的称呼也随之消失。雷树人最早使用"演示实验"这一术语。教学实验术语的变化原因可能是在1949年后，教育界全面学习苏联，"演示实验"可能是由俄语翻译而来的。1949年后对我国物理教育界影响较大的是苏联的兹那敏斯基，他的著作《中学物理教学法》对我国教材的结构影响深远。与此同时，在苏联教育思想的影响下，课外实验这种实验类型也在教学中出现。

（二）物理实验教学

物理实验是有目的、有计划地运用仪器、设备，在人为控制条件下，使物理现象反复再现，从而进行观测，获取数据的一种科学研究方法。物理实验的基本要求有两个：一是可控性，二是可重复性。在物理教学中做的物理实验是物理教学实验，新课程注重科学探究，实质上是注重真正体现物理学研究过程和方法的物理实验。物理实验教学在新课程实施中占有重要地位。

二、国内实验教学研究的历史与现状

（一）近30年来我国物理实验教学研究的状况

在近30年中，我国基础教育研究经历了3个明显的阶段，物理实验教学研究也经历了3个阶段的发展。

第一阶段（1978—1989年）：广大物理教育工作者整理出版了已有的研究成果，为一线教师提供了丰富的素材，满足了基础教育阶段物理课程的教学需要。这一个阶段的研究成果有：安忠、刘炳昪主编的《中学物理实验教学研究》、教育部教学仪器研究所组织人员编写的初、高中物理实验教学系列著作《初中物理学生实验》《初中物理演示实验》《初中物理自制教具》《高中物理学生实验》《高中物理演示实验》以及王兴乃的《高中物理实验大全》。这些书籍不仅系统地梳理了中学物理实验的已有研究成果，并且对这些成果进行了高度的总结。这些书籍解决了当时物理教学的需要，成为物理实验教学的里程碑，为物理实验教学的改革和发展奠定了基础。

第二阶段（1990—2000年）：我国物理实验教育工作者针对中学物理教学实际开始了研究，对实验的原理进行细致的分析。这一阶段的成果包括陶洪主编的《物理实验论》、罗星凯主编的《中学物理疑难实验研究》、李春密等主编的《中学物理教学法实验研究》等著作。这些研究从理论上深入地分析了物理实验的作用和功能，从更深层次剖析实验，解决了中学物理教师在教学中遇到的实际问题，起到了立竿见影的效果。在这一时期，我国物理实验工作者在教学实际中，发挥聪明才智，针对原有验证性实验不足的问题提出了探索性实验、开放性实验、设计性实验，并在此基础上进一步提出了边教边实验的方法（或称为边学边实验）。

第三阶段（2000年至今）：我国开始了新一轮基础教育课程改革，我国的物理实验教学研究开始与国际接轨，探究式教学被引入到物理教学中，实验教学与其融合在一起。实验教学与前概念、建构主义学习方式、概念转变联系在一起。在这一阶段，刘炳昇主编了《中学物理实验与自制教具》、撰写了《继承与创新——初中物理新课程建设的理论与实践研究》，广大物理教育研究者和一线教师也发表了大量的实验教学研究论文。

（二）我国部分实验教学研究成果统计

实验教学研究涉及实验教学的各个方面，研究人员层次丰富，研究成果数量庞大，因此成果的档次也有差别。为了能高效地确定我国实验教学研究的现状，本文选择博士论文和代表性的期刊论文作为研究对象。

利用国家图书馆的公共目录查询系统对有关教学实验的研究进行检索。在检索限制栏选择"北区学位论文阅览室分馆"，在正题名中输入"实验"，在论文专业中输入"教育学"，有105篇论文，与教学实验有关的博士论文是罗星凯的《实验室情景下学生学习的研究——一个建构主义的视角》、赵建华的《本科实验教学有效性研究》；在论文专业中输入"心理学"，有501篇论文，与教学实验有关的博士论文是李春密的《高中生物理实验操作能力的发展研究》；在论文专业中输入"教育技术学"，有101篇论文，与教学实验有关的博士论文是朱敏的《虚拟实验与教学应用研究》、傅骞的《实验技能测评自动化理论与应用研究》、毕海滨的《基于认知工具的数学实验教学研究》以及郑颖立的《体验式虚拟实验研究》；在论文专业中输入"课程"，有367篇论文，与教学实验有关的博士论文包括张伟的《"非常规"物理实验教学理论与实证研究》、王鑫的《多普勒效应综合开放实验室教学系统的建构》等10篇论文。

《实验室情景下学生学习的研究——一个建构主义的视角》是在我国教育专家、北京师范大学顾明远教授的指导下，由罗星凯于1999年完成的。研究通过实际观察和问卷相结合的方法，从"思"和"行"两个方面，揭示了学生对于科学实验研究本质的认识图景和解决实验情景问题的主要障碍与特殊模式。该研究以建构主义的视角揭示了实验室教学的投入与其实际效果的偏差，为实验室教学实践和实验教学研究指出了方向。

三、我国实验教学研究的优点和不足

(一)优点

1. 在实践中探索出多种实验类型

探索性实验、边学边实验、对比实验、"非常规"实验、差异性实验是我国科学教育工作者自己探索出来的新型实验类型,这些研究不仅丰富了实验的理论,而且在教学中发挥了一定的作用。针对教学中验证性实验过多的现象,我国学者提出了探索性实验并对此展开了深入的研究。有5篇文章涉及这一主题,时间从1984年到2001年,跨度18年,既有教学实践,又有理论研究。边学边实验也是我国一线教师在教学实践中,通过实验教学改革所提出的新型实验类型,有2篇文章研究这一内容。边学边实验现在已与演示实验、学生实验、课外实验一起,在我国被确立为实验的4种主要类型。

2. 对实验教学功能进行了翔实的研究

实验教学的功能是我国教育学界一直关注的课题。从1987年到2017年一直有文章论述这一课题,研究内容既有广泛意义的功能,也有具体的培养实验思维能力和实验设计能力的功能,研究内容涉及的学科也是多样的。

3. 研究内容从笼统到具体

纵观多年的研究可以明显地发现,有关实验研究的内容从笼统到具体。如在20世纪80年代,许多文章的题目大而笼统,如《加强实验教学,培养实验能力》《加强化学实验,提高教学质量》《加强实验,提高化学教学水平》等,早期的一篇文章通常涉及实验的功能、实验器材的准备、实验的教学、实验的评价等全方位的内容,近期的文章较具体。

4. 文章类型从经验总结到理论研究

纵观多年的研究可以明显地发现,文章类型从经验总结转变为理论研究。在早期文章中,通常文章的小标题是经验的总结,段落的内容是具体的教学案例。现在的文章或有理论指导,或有调查数据支撑。

(二)不足

1. 对实验教学策略缺乏细致的研究

虽然有28篇文章论述实验教学,但是这些研究在早期大多为教

学经验的总结，而没有上升到理论的层面。上升到理论水平的研究仅有实验引导探索、实验探究、主体性物理探究演示实验策略 3 项研究。

2. 忽视对学生学习、教学效果的研究

现代教育的理论和实践重点已从教师的"教"转向学生的"学"。然而在实验教学研究领域，与对教师的教相比，对学生学的研究却很少，只有两篇文章涉及该领域。张军鹏的研究利用问卷调查了中学生对实验的态度。杜明荣、廖伯琴的研究通过对英国的 GCE 物理 A 水平考试分析，为我国对实验和探究能力进行测评提供了借鉴。

3. 对教师专业化发展研究不足

在实验方面对教师教育的研究较少，且缺乏对教师专业化发展的系统性研究。有关教师教育的研究有《谈谈高师物理实验与中学物理实验的结合》《在实验教学中培养学生的实际能力》。这些研究都是为了改进教师教材实验课程所做的研究工作。

4. 缺乏教学中外实验研究交流

在国外实验教学研究方面，有日本板仓圣宣对"假设实验授课法"的介绍，林长春的中外理科实验教学比较、陈娴的美国物理教材分析和杜明荣、廖伯琴的英国普通教育证书（general certificate of education，GCE）物理水平考试研究，这些研究为了解国外的实验教学情况，促进我国实验教学和研究的发展发挥了作用。但总体来看，我国的实验教学研究的"本土化"比重较大，这在呼唤"本土化"研究的时代是值得庆幸的事。然而也要看到另一面，在当今全球化的时代，我国的实验教学研究几乎处于封闭状态，缺乏对国外实验教育研究成果和理论系统的介绍和研究，这将不利于我国实验教学理论和教学质量的提高。

第三节　中学物理实验教学的目标和任务

实验教学可以看作是一个独立的教学活动，也应有多维度的教学目标。实验教学不仅是教会学生一定的物理知识和实验技能，也应注重对学生实验能力的培养，同时又让学生有情感方面的体验，提高学生的科学素养。

要分析实验教学的内容和目标，首先就要清楚实验中所包含的知识有哪些，这是实验教学标准的细化框架。对初中物理实验三维目标教学标准的细化框架进行设计，主要的做法是把现行的课程三维目标进一步分解，细化为5个目标要素，即知识要素、技能要素、过程要素、方法要素和态度要素，并分析出初中物理实验中各课程内容中包含的目标要素。

一、知识与技能

知识与技能即是物理学科中的基础知识和基本技能，可分为两个要素，即知识要素和技能要素。知识有广义和狭义之分，从物理学科角度分析，广义地说，课标上给出的内容都是知识，包括物理概念、规律、现象、效应、结论、应用、方法、用法等。从知识目标分类的角度来看，现代认知心理学把广义的知识分为陈述性知识和程序性知识两大类。陈述性知识是指"是什么"的知识，即各个学科所要求学生必须掌握的，该学科所特有的事实、概念、规律、规则、原理、定理、应用等。程序性知识则是"如何操作、如何具体实施"的知识，是经过学习转化成自动化了的、一系列操作实施步骤的知识。知识与技能目标中所讲的知识要素，特指陈述性知识，属狭义性知识。技能要素是指在练习的基础上形成的以某种规则或操作程序顺利完成某种智能任务或身体协调任务的能力，其实质是程序性知识。

（一）知识要素

实验教学知识目标要素可分为两种：一是通过进行实验后习得的物理概念和物理规律；二是进行实验本身需要的实验知识。在实验教学的初始阶段，学生更多的是需要与该实验有关的陈述性知识，就是物理事实。主要包括实验目的、实验原理、实验步骤等知识和信息的收集加工理论。实践研究表明，学生所掌握的这类陈述性知识越丰富，越有利于他们在实验活动中有序地、顺利地开展实验。从而总结出实验所包含的知识结构。

物理概念是对物质的本质属性的认识，是对物质本质属性进行思考、比较分析、综合抽象，是对物质的本质属性是什么、叫什么的一种认识。一般情况下分为名称类和物理量类。名称类包括匀速直线运动、弹性形变、入射角、惯性、机械运动等。物理量类包括长度、时间、速度、重力、弹力、摩擦力等。

物理规律是在一定条件下物质与物质发生相互作用时产生物理现象的一种物质间内在的本质联系。物理规律一般包括物理定理、定律，定则、法则，关系、公式，观点、结论等。物理定理、定律是通过对事实和特定条件下的论据，通过严谨的逻辑推理，并进行科学验证后得出的规律，如牛顿第一定律、阿基米德原理。物理定则、法则是根据物理规律或者定理结合经验，进行严谨的科学推理与实验验证得出的解决物理问题的方法和技巧。物理关系、公式是依据定律，物理定理、物理定则、物理法则，进行严密的逻辑推理，并得到科学实验验证的物体间的存在的联系。

实验事实是在实验中使用适当的实验仪器，经过正确的实验步骤操作，在过程中观察到的实验现象或者可得出的实验结论的观察事实，即实验中客观存在的事实。实验步骤是实验过程中需要进行的具体操作。如在实验开始前的仪器选取，实验过程中的注意事项，实验结束后对实验器材的整理等都是实验步骤。实验目的是在实验开始前对实验效果的预期，希望进行实验步骤操作后达到的效果。比如测量物质密度时通过实验步骤要得出所测物质的密度。实验仪器是指进行物理实验时需要用到的进行实验和测量的器材或者辅助实验的工具。学生需要掌握实验仪器或工具的主要部件及功能，比如使用天平时需要认识各部件的名称和功能才能对物体进行测量。仪器的使用要求，是指在进行实验时应根据实验仪器说明书，对仪器进行使用时应注意对实验仪器的保护以及实验结束后对仪器的保养的合理要求。

（二）技能要素

技能要素是指在练习的基础上形成的按照某种规则或操作程序顺利完成某种智能任务或身体协调任务的能力，其实质是程序性知识，在物理实验中指的就是物理实验技能。按认知心理学理论分析，实验技能可分为两类：动作技能和智力技能。所谓动作技能，在物理实验中主要指的是单纯的实验操作，通过训练就能够掌握，如观察实验的现象、操作实验器材时动作的精细、协调和熟练程度；所谓智力技能，是需要在已有的一定知识水平和经验的基础上，需要使用智力的技能，如设计实验方案，记录实验数据、处理实验数据、检查并评价实验效果等。学生实验活动的顺利进行，需要靠两种技能的协调、紧密的配合。随着实验教学要求不断提高、实验难度不断增加，智力技能的作用在实验中越发明显，其地位也越来越重要。

智力技能相比于动作技能而言，有一定的难度，尤其是对刚刚接触物理学习，没有任何物理学习经验的初中生来说。初中物理实验教学中的目标可以先侧重动作技能的训练，之后慢慢提升对智力技能的要求，从而通过实验教学来提高学生学习物理学科的兴趣以及提高学生的实验能力。

二、过程与方法

过程与方法是物理基础教育课程改革的一大创新点，改变了"重结论，轻过程"的传统教学方式，注重形成结论的过程。"过程与方法"是统一在一起的，方法需要在过程中运用，方法的运用体现了过程存在的价值。知识不能死记硬背，需要一个体验的过程，过程与方法重在让学生经历知识的学习探索过程，掌握学习方法，使学生内化体验。《义务教育物理课程标准》（2022年版，以下简称《标准》）的课程基本理念中也提到"注重科学探究，突出问题导向，强调真实问题情境，引导学生不断探索，提高分析问题、解决问题的实践本领和科学思维能力。"

（一）过程要素

过程，就是教师为了让学生获得课程基础知识和技能所进行的教学活动。过程本身的价值在于让学生既经历一个知识建构的过程，培养了能力，同时又有经历情感过程的体验。实验教学就是教师为了让学生获取课程基础知识、学习某种科学方法和提高实验能力所进行的教学活动。实验本身就是一个教学过程。

实验探究包含7个步骤：提出问题、猜想与假设、设计实验与制定计划、进行实验与收集数据、分析与论证、评估，以及交流与合作。这是在实验教学过程中学生所要经历体验的7个步骤，但是由于一节课的时间有限，并不要求在实验中对所有步骤都能做到面面俱到，而是由实验本身的特点来判断实验探究活动的侧重点，并对这方面能力加以培养。一般的实验教学活动通常会经历这样的程序，教师设置情景让学生发现并引导学生提出物理问题—让学生做出合理的猜想—在实验前让学生明确对实验的认识（如对实验目的、实验仪器、实验原理以及实验操作的认识等）—在认识实验的基础上让学生设计实验方案，进行实验，收集证据，对数据进行处理，总结实验结论（在这个环节一般会让学生进行交流）。

结合以上分析，笔者根据实验前、实验操作中、实验后的数据处理的思路整合了实验教学中"过程"要素包含："实验认知活动""进行实验，收集数据""数据处理，归纳结论"三个实验教学活动。

（二）方法要素

方法是指教师为实现教学目标和完成教学任务，在实验教学中所采用的行为或操作体系。实验的教学目的就是让学生体验实验过程，能够主动思考，主动学习物理知识，学习实验中的科学方法以及学会如何运用科学方法进行科学探究，从而培养学生的思维能力、观察能力和学习物理的能力。在实验教学中的方法要素主要是指学生在进行实验过程中所采用的科学方法。物理实验科学方法就是在物理实验中为认识事物、解决问题等活动所运用的方法的统称。

初中物理教学中用到的科学方法很多，这些科学方法存在一定的联系，也有一定的区别。按思维实质可以分为分析及综合、比较与分类、科学推理、抽象与概括、等效代替、数形转换六类方法。但在使用上，通常把物理思维方法用更直接的名称细分，分析及综合法包括分步法、控制变量法；比较与分类法包括比较法、分类法；科学推理法包括归纳法、类比法；抽象与概括法包括理想模型法、近似法；等效替代法包括转换法、放大法、累积法；数形转换法包括图示法、图像法、列表法、留迹法等。在物理教学中，实验本身就是一种科学方法，是用于探究知识和掌握技能的方法。但是在物理实验中又会应用一些科学方法来解决相应的问题。本节将这些科学方法分为两类：测量过程的实验方法、数据处理的实验方法。

测量过程的实验方法就是在物理实验的过程中，为测量一些物理量或为顺利进行实验而采用的方式方法。初中物理实验中常见的测量过程的实验方法有转换法、控制变量法、等效替代法、理想模型法、放大法、累积法、留迹法、分步法等。

转换法：转换法也称间接测量法。该方法是将不便于直接观察的物理现象转化为容易观察的物理现象，或将不易测量的物理量转化为容易测量的物理量从而解决问题的方法。例如在探究影响压力作用效果的因素时运用了转换法，通过海绵或者沙子的凹陷程度来体现压力的作用效果。探究分子热运动使用了转换法，使用有颜色的液体，更加容易观察到分子运动的现象。

控制变量法：是指研究的物理量与多个因素有关，只研究其与一个因素的关系时，保持其他影响因素不变，得出结果以此类推，最后将所有结果进行综合得出规律的方法。比如探究电流与电压、电阻的关系，这是一个三因素的问题，我们在探究的过程中，确定其中一个因素不变，就可以简单地研究另外两个因素的关系。也就是当电阻不变时，研究电压与电流的关系；当电流不变时，研究电压与电阻的关系。

等效替代法：一个物理问题通常受多个因素影响，若某些因素所起的作用和另一些因素是等效的，它们就可以互相代替，并不影响最后结果。这种保证最终的效果一致，使用其他因素代替来研究问题的方法就叫等效替代法。在实验探究中，常使用等效替代法来观察复杂的实验现象。比如等效电路，使用等效法替代把不需要、没有影响的其他因素排除，找出更加简单的电路，把复杂的问题简单化，更有利于研究和计算。还有在探究平面镜成像时像与物的关系时，使用玻璃板来代替平面镜，在成像时更容易确定像的位置。

理想模型法：为了方便研究，将一些现实中复杂不易研究的物理量或物理实体理想化，化为简单容易理解的物理量或实体，这种方法突出主要研究对象而忽略一些次要的因素，因此称为理想模型法。例如在探究光的反射规律实验中，光是客观实际存在的，光"线"并非存在，而是科学家为了方便研究而创建的一种物理模型。力的示意图也是使用理想模型法，把力的大小、方向、作用"点"理想化，使得作图时更加简便。

放大法：实验过程中常会遇到一些微小的、不易观察的物理现象或微小的、不易测量的物理量，可以采用某些方法放大后方便观察或测量。例如，在探究声音的响度时，将发声的音叉轻触系在细绳的乒乓球，观察乒乓球被弹开的幅度。这是因为音叉振动很微小，不容易观察到振动现象，通过弹开乒乓球放大振动，让实验现象变得方便观察。这里就采用了放大法。还有我们熟悉的放大镜、望远镜、显微镜等实验器材都是为放大法设计研究的。

累积法：也叫叠加法，当测量的物理量或者观察的物理现象太过微小时，可以通过累积法，解决探究的问题。比如在测量1张纸的厚度时，1张纸的厚度太薄，无法测量，那可以把500张纸叠起来测量，然后计算出1张纸的厚度。还有测量1根大头针的质量，使用累积法测量100根大头针的质量，然后通过计算得出1根大头针的质量。

留迹法：在进行实验时，需要对物理过程进行研究，就可以使用留迹法，记录下轨迹。比如在探究光的反射规律时，把激光笔的运行轨迹记录下来，便于观察实验现象。

分步法：分步法是指在实验中分步骤进行实验，将一个复杂的实验分成多个小单元分别进行实验，降低实验难度，逻辑更加清晰，实验效果也能得到提升。

在测量阶段完成后，还要对实验数据进行分析、计算、判断、归纳、推理等处理，以便验证实验、得出结论。初中物理实验中常见的数据处理方法有图像法、列表法、归纳法等。

图像法：也叫作图法，是运用数学中的图形、图像解决问题的方法。在初中物理实验中，通常会用到图像法来处理实验数据，总结出规律、定律。图像法具有直观、简洁明了的特点，是初中物理实验中最常用的数据处理方法，能把抽象的物理现象更加直观地呈现在学生面前，帮助学生理解。比如测量物体运动的速度，在处理实验结果时，就会使用图像法，画出位移时间（s-t）图像、速度时间（v-t）图像，从而得出位移、速度、时间之间的关系。在探究水沸腾时温度变化的特点，探究电流与电压、电阻的关系等实验都会使用图像法来处理实验数据。

列表法：也是初中物理实验处理数据的常用方法，把实验测量的数据通过列表的形式排列起来，更容易得出各物理量之间的关系。比如在总结凸透镜成像规律时，列出表之后，物距、像距与焦距的关系，还有成像的性质都一目了然。还有测量物质的密度，探究平衡条件等实验都会使用列表法。

归纳法：是指由特例、一般、个别现象或结论而归纳出普遍、通用的结论、规律、定律。培根认为，实验归纳法是获取知识的重要方法。在物理实验中，通常用到归纳法来归纳实验结论。比如在总结凸透镜成像规律时，使用表格的形式，把像距、物距与焦距的关系，还有所成像的性质使用归纳法，进行归纳整理，方便学生理解记忆。

三、情感态度与价值观

（一）可细化分析的目标要素

初中物理学习的效果是由智力因素和非智力因素共同决定的，情感、态度与价值观就是影响学生学习效果的非智力因素。对于初中生而言，初中物理是学习物理知识的启蒙阶段。物理学科的学习思维新颖独特，但物理学习的知识与方法对于初中生来说具有一定的难度，这个时候非智力因素就起到非常重要的作用。情感、态度与价值观是三维目标的重要组成部分，应着重加强学生的科学修养和科学素养的培养。非智力因素可分为情感、态度和价值观三个要素，每个要素里又包含多个内容。由于这三个要素的概念比较抽象，不易区分，加上笔者自身的水平以及时间的问题，对于此目标维度，只探讨态度要素中与物理实验关联较大的科学态度。

（二）科学态度

科学态度是指一个人正确对待自然事物和现象所产生的心理或行为上具有积极因素的倾向。比如，实事求是、尊重客观的自然规律、谦虚谨慎、不骄不躁、关心同学、热爱生活等都属于科学态度的范畴。科学态度作为三维目标内容之一，和其他维度及同一维度的目标是不可能分离开的，它们相辅相成、相互促进，共同完成教学目标，共同达到培养学生的目的，健全学生人格、品格的发展，符合国家对人才的不同需求。科学态度教育无论对于学生在学校期间的健康成长，还是对于他们今后步入社会的发展都具有十分重要的作用。因此，初中物理实验教学中科学态度教育应该结合实验教学的内容和环节，尽可能完善并贯彻科学态度教育。笔者通过查阅相关文献，整理出以下几种物理实验中的科学态度：

（1）实事求是、尊重客观规律的态度。培养学生实事求是、尊重客观规律的态度与教师的教学行为、教学态度紧密相关，所以作为教师要做好表率。例如，在实验演示探究电流与电压、电阻的关系时，实验数据出现偏差，教师不能直接去掉或修改数据以赶时间继续上课，而是应该给学生分析实验误差产生的原因甚至重做实验。将这样求真务实的教学态度在学生面前展示出来，会潜移默化地影响学生，帮助学生树立起实事求是、尊重客观规律的科学态度。

（2）勇于创新、敢于质疑的态度。科学来源于创新，创新需要敢于质疑。培养学生的创新精神不仅能让学生增加对物理的学习兴趣，更是当今时代对人才培养的需求，因此教师在物理实验教学中应鼓励并引导学生勇于创新，敢于质疑。在学生实验中可以鼓励学生自行设计实验方案，不一定完全按照书本的实验方案而机械化地重复教材；在自行设置方案的实验中，教师更应该部分或者完整地让学生设计，让学生去思考、去质疑，提出问题，最后解决问题。在这样的实验教学方式下，学生的创新思维将会不断得到开发，也就培养了学生勇于创新、敢于质疑的科学态度。

（3）包容与合作的态度。学术自由必然导致差异和分歧，而稳定进步的社会又必须把观点各异的人融合在一起，科学中的包容是一种积极的态度。学生合作实验中，不同的学生对待不同的问题可能有不同的看法，容易在实验中引起纷争，进而达不到合作的目的。这时教师就要起到引导的作用，对于学生的问题应该客观、全面地评价，不随意否定学生，这样不仅能让学生学到多种思想、学会包容他人的思想，更能让学生看到合作的意义及重要性，增强学生与他人合作意愿。

（4）不怕失败、勇于克服困难的态度。科学成果普遍是经历不断尝试、不断失败后不断完善而成的。物理实验中遇到问题、困难是不可避免的。最常见的就是实验的失败，失败容易让学生失去斗志，产生消极的影响，使他们对物理的学习兴趣降低，还可能影响身心的发展。因此应该帮助学生树立不怕失败、勇于克服困难的态度与信心，让学生体会克服困难、获得成功的喜悦。

（5）理论联系实际、热爱生活的态度。将物理实验与实际生活联系，可以激发学生的学习兴趣，让学生能够认识到物理学科以及相关技术，对于人们的生活和社会的发展有着重大的意义。培养学生要有把科学服务到生活的思想，有理想有抱负，热爱生活。例如，在连接简单的串联电路和并联电路实验中，让学生设计教室照明的电路图并进行实验，将理论联系实际，从而增强对生活的热爱。

四、初中物理实验教学的三维目标

物理实验教学是物理学科教学的基础，是发展学生物理核心素养的重要途径，是实现中学物理课程总目标不可或缺的核心内容，是获得物理知识、实验技能，形成科学思维和科学探究能力，认识科学本质，培养科学态度的有效载体。

21世纪初的基础教育改革从学生如何获得知识的角度重新定义了我国基础教育的目标，将培养人的主动探究精神和自我发展能力列为了教育所要培养的主要目标。为此，在课程标准的制定与发展过程中曾提出"知识与技能、过程与方法、情感态度与价值观"的三维目标。"三维目标"是一个教学目标的三个方面，它将教学内容从单一的知识发展成立体的、多维度的能力。它并不是三个独立的目标，而是统一的整体。三维目标的定义方法体现了知识的多维度性和多层次性，与布鲁姆的知识分类理论有很多相似之处。

三维目标的第一个维度是"知识与技能目标"。它主要包括维持基本生活不可缺少的基本知识以及基础性、事实性的知识，还有获得、加工、运用信息的最基本的技术和能力。"过程与方法目标"中的过程其实应该包括两个方面：教学过程和学习过程。教学过程是对教师的要求。例如，教师要注意让学生了解知识的来源、形成过程等。学习过程是对学生的要求。例如，学生通过经历学习的过程，掌握与之相关的方法和策略。"情感态度与价值观目标"主要包括对学习、生活、科学知识的兴趣、态度和责任以及对自然、社会和人生的看法和倾向。在教与学中，"知识与技能目标"是显性的，容易被老师和学生发现并把握到。"情感态度与价值观目标"是隐性的，是学生学习后的一种内心的感受和体会，容易被老师和学生忽略掉。而"过程与方法目标"是为了获得某一知识或技能时所采用的途径和方法，同时形成解决特定问题的程序和策略，带有操作性和实践性。在三维目标中提出"过程与方法目标"可以将隐性的目标融合在显性的目标中，从而使隐性的目标得到具体的落实。另一方面可以使学生在学习知识的同时掌握应用知识的方法，发展实践和创新的能力，促进学生形成终身学习的意识，成为可持续发展的学习者。

五、初中物理实验教学的功能

对物理学而言，实验是探究物质世界本质以及变化规律和内在联系的十分重要的手段和方法。对物理教学而言，实验是物理概念形成过程、物质运动变化的缩影和再现，是对物理规律、定律生动形象的解释和模型化的展示。实验对于物理教学是不可缺失的教学内容和教学活动，通过实验教学，学生可以获得更完整的物理知识和更多面的实验技能。物理实验教学不仅具有教育释疑功能，还兼具激发兴趣功能、情景认知功能、探究应用功能、情感功能。

（一）实验的释疑功能

物理学的概念、规律和公式要以实验为基础，实验事实是检验物理规律的"终审员"。物理学发展至今，理论物理与实验物理一直像两兄弟一样相互帮助、相互促进。在物理教学上，物理实验不仅仅能够帮助学生更轻松更准确地理解物理概念和规律，实验本身也包含了物理学科特有的、实用的知识和技能。例如，实验方法和技能、科学思维和精神等能促进人终身学习的能力，是非常重要的学习内容。

（二）实验的激发兴趣功能

物理实验相比物理理论要更形象、生动。尤其是初中物理中的实验现象，对学生而言十分新鲜有趣，能对学生的感官和认识产生强烈的刺激，会让学生产生极大的好奇心和对知识的求知欲。学生在观察到出乎意料的物理现象后，在惊讶之余，通常会产生想要知道为什么的学习动力，而且这些精彩的现象会使学生的注意力高度集中。当学生观察到神奇的物理现象后，自然会产生想要了解引起这一现象背后的原因的冲动，这样便激起了学生探索知识和规律的欲望，使学生的学习方式由被动变为主动，由接受变为探究。

（三）实验的情景功能

心理学对儿童的学习过程进行研究后发现：儿童的学习过程先是对事物有感性认识，后才逐步发展出理性认识的。教学过程将这一心理过程在时间上进行缩短，但并不能使过程的阶段减少，发生跳跃。在学习物理概念和规律的过程中感性认识必不可少。生活实例、实验现象和事实都是学生获得感性认识的途径。但是生活中的实例通常包括了本质的和非本质的诸多影响因素，学生从中建立概念和规律十分困难。通过实验创设的情景，简单和单纯的素材能使学生获得更明确和具体的认知，便于他们进行抽象思维活动。

（四）实验的探究应用功能

物理实验可以将所学的理论知识运用到实际中，去解决实际生活和学习中遇到的问题，具有实践和应用功能。学生顺利完成实验需要掌握实验仪器的基本操作技能，实验所应用到的概念和原理，实施探究的一般步骤和方法以及对于数据的运算和分析，获得正确的实验结论等知识和能力。学生在实验进行的过程中，还需要将这些知识化作行为，大脑和各个感觉器官协同工作，在实验情景中发散思维，拓展思路，引发新的思考。

（五）实验的情感功能

实验不仅可以培养学生的探究意识和实验技能，还可以培养学生爱护仪器的良好习惯，实事求是的科学态度以及坚持真理的科学精神。大多数学生实验是分组实验，在实验活动中能够培养学生合作、交流和分享的意识，增加相互协同的团队合作经验。

物理概念是对物质的基本结构、运动和相互作用的现象进行比较、分析、综合、抽象和概括等思维活动后得到的抽象概念。物理概念包括以下四类：一是反映物体属性的，如能量、质量等；二是反映物体状态的，如速度、密度、功率、电阻等；三是反映物体间相互作用关系的，如力、压强、功、热等；四是描述物理现象名称的，如匀速直线运动、弹性形变、反射角、色散等。

实验目的是通过实验达到的预期结果。按实验目的一般可以将实验分为：仪器使用类、测量类、探究类和验证类。实验仪器是指物理实验时用到的器材和测量工具等设备。仪器构造是指仪器或测量工具的主要零部件的名称和功能。这里的实验仪器是指实验中使用的具有典型性、基础性、普遍性的专业仪器和设备。

物理规律是有关事物相互作用和物理现象或过程，在一定条件下发生、发展的必然趋势及内在的本质联系。物理规律包括物理定律、定理、假说原理、方程、法则等。物理定律是对客观事实的一种表达形式或一种理论模型，用以描述特定情况、特定尺度下的物质世界，如牛顿第一定律、能量守恒定律、欧姆定律、光的反射定律等。物理定理是通过一定的论据，经过逻辑推理而证明为真实的，可以作为原则或规律的命题或公式，和受逻辑限制具有内在严密性的叙述，如动能定理、动量定理等。假说是科学理论发展的思维形式，是人们根据已经掌握的科学原理和科学事实，对未知的自然现象及其规律性，经过一系列思维过程做出的假定性解释，如日心说、分子动理论、安培假说、原子结构等。

物理原理、方程等是公认的具有普遍性的，而且可以作为其他规律基础的物理规律，如功能原理、光路可逆原理、热平衡原理。其他还有虽然不属于物理学理论体系但仍可作为物理规律来看待的，如二力平衡条件、平面镜成像特点、右手定则等。

六、实验课程目标细化的理论依据

按认知心理学理论分析，实验能力包括两种实验技能：动作技能和智力技能。所谓动作技能，在物理实验中主要指的是实验操作水平，即操作实验器材时动作的精细、协调水平。所谓智力技能，在物理实验中指的是利用已有的知识、经验来设计实验方案、执行实验步骤、检查并评价实验效果、控制或调节实验进程的技能。其实质上是程序性知识和策略性知识的水平。实验活动能否顺利进行，是这两种技能相互制约、密切配合的结果。其中，随着实验教学目标水平的提升，实验难度和复杂度的增加，智力技能在实验能力中的地位也会越来越重要。

初中物理教学的对象是从未有过任何物理学习经验的初学者，在实验教学目标制定时可以先侧重动作技能的训练，再逐步提升对智力技能的要求，从而通过实验教学，实现培养学生今后解决实际问题的能力。

在实验教学的初始阶段，学生需要的是与该实验有关的陈述性知识，即回答"是什么"的知识。通过对相关实验内容，包括实验有关的原理、规则、方法及实验目的等知识和信息的收集、加工、储存和提取，学生可以获得大量有关实验的陈述性知识。理论研究和实践表明，学生所掌握的这类知识越丰富，越有利于他们在实验活动中对知识做出选择和利用，对学生实验能力提升的贡献就越大。

学生理解了实验的相关概念和规则后，在实验活动中还会遇到各种"怎么办"的问题。在处理这类实验问题时，就需要相关的程序性知识（即智力技能）来指导。其实就是学生在进行知识应用，即分析、综合、归纳、演绎等思维的过程，即学生已经理解实验相关概念和规则，进行实验操作去解决实际问题。为了实验的顺利完成，有时学生还要有意识地调用头脑中的元认知知识。元认知知识的实质是学生的自我意识和自我控制。如果认知策略是帮助学生达到某一目标，那么元认知就是用来监控目标是否能够顺利达成，从而不断修正和改进实验活动的质量和效果。

对实验课程目标进行细化，应该考虑课程标准的教学要求、教材的内容安排、学生的实验能力水平以及教学条件等因素。一是依据课程标准中对每个实验课题的教学要求，进行整体设计和规划，制定章节或阶段性的实验课程目标；二是依据教材内容将课程目标细化成具有一定层次性的阶梯式的教学目标；三是依据学情具体分析教学对象的实验能力水平，按最近发展区原则，确定具体课时目标；四是依据教学条件，运用不同的教学辅助设备，提高实验教学的效率。

（一）实验课程目标细化的原则

"整体设计，分层实施，循序渐进"，物理实验教学是体现学科特点的重要阵地，也是培养学生物理核心素养的有效手段。"物理学科核心能力矩阵"对六个能力要素的水平高低进行了具体的描述，是对探究活动六要素的完善和补充。同时是为了提醒广大教师要注意实验探究行为在能力方面是有层次的，需要教师根据实际情况由低到高一步一步地通过教学活动逐步达成目标。教师可以根据课程进度，将各能力要素在不同阶段实验教学中先后多次出现，带有计划地逐步提高学生的物理学科核心能力，也可根据教学内容有计划地安排好实验教学的重点和难点。这些要素所对应的知识维度和认知维度各不相同，学生在六要素上的能力发展是有顺序的，六要素中所对应的实验能力水平也是有高低的。

因此，综合考量教材内容编排、掌握六要素的难易程度和认知过程顺序，将初中物理实验教学目标划分为四个阶段，各阶段的教学侧重点和教学目标符合初中学生的认知水平，循序渐进地发展他们需要具备的物理核心能力。阶段一：对科学探究过程有体验，知道科学探究过程要素。对于刚接触物理这门学科的学生来说，需要通过经历一些简单的、直观的探究活动，在教师的指导下，根据相关的经验提出问题、发现问题，走进科学探究殿堂的大门。让学生知道科学探究需要通过观察、思考、操作等手段来完成，对科学探究形成初步概念。阶段二：学会使用实验仪器，可以有目的地进行探究，会记录实验现象或数据，并能定性地得到实验结论。在这个阶段，学生在教师的指导下进行一些能力要求层次较低的活动，如测量工具的使用、实验现象或数据的记录及分析等，为更复杂的科学探究打好基础，做好准备。阶段三：在老师的指导下完成实验，会用一些较简单的科学方法，对数据的进行简单处理，得出定量的实验结论。经过了前两个阶段的学习，学生具备初级的实验技能后，探究活动要进行质变——从"定性探究"升级到"定量探究"。阶段四：在老师的指导下根据实验目的设计并完成实验，并评估实验结果。这个阶段的目标，不是针对全体初中学生的。笔者希望通过一些活动，给物理核心能力水平发展较高的学生一个强化实验能力和进一步提升的机会，这样有利于培养学生更高层次的科学素养和为升入高一级学校做准备。

（二）目标细化的操作模式

课程目标是教学活动的阶段性目标，是对学生一段时间学习后所达到的认知水平的要求。而课堂教学目标则是指通过本节课的学习活动，对学生所达到的认知水平的预期。因此，细化教学目标要从课程目标出发，准确理解三维目标的内涵，并结合学生的学习情况和现有的教学条件，把课程目标中要求较高的目标分解成一系列的子目标，既要让一般水平的学生的能力和素养得到提高，也要让水平较高的学生能在原有基础上有所收获。教师通过运用布鲁姆的分类学和分类表，清楚每节课的教学内容中有哪些知识位于认知过程中较高水平，通过细化目标把学习难度降下来，形成一系列的阶梯式目标，面向全体学生，并逐步实现。

七、目的

在"知识与技能"方面，对学生实验能力的要求包括：具有初步的实验操作技能，会用简单的实验仪器，能测量一些基本的物理量，具有安全意识，知道简单的数据记录和处理方法，会用简单图表等描述实验结果，会写简单的实验报告。在"过程与方法"方面，对学生实验能力的要求包括：具有初步的观察能力及提出问题的能力，有控制实验条件的意识，有初步的信息收集能力，有初步的分析概括能力，有初步的信息交流能力。在"情感态度与价值观"方面，对学生实验能力的要求包括：具有将科学技术应用于日常生活、社会实践的意识，乐于探究日常用品或新产品中的物理学原理，乐于参与观察、实验、制作、调查等科学实践活动，有团队精神，有克服困难的信心和决心，有实事求是、尊重自然规律的科学态度。能从日常生活、自然现象或实验观察中发现与物理学有关的问题；能书面或口头表述发现的问题；了解发现问题和提出问题在科学探究中的意义；尝试根据经验和已有知识对问题的可能答案提出猜想；能对探究的方向和可能出现的探究结果进行推测与假设；了解猜想与假设在科学探究中的意义；参与设计实验与制订计划的过程；明确探究目的和已有条件；尝试考虑影响问题的主要因素，有控制变量的意识；尝试选择科学探究方法及所需要的器材，了解设计实验与制订计划在科学探究中的意义。

历来的课程标准强调发展学生的学科核心素养——物理观念、科学思维、科学探究、科学态度与责任。"科学探究"是指基于观察和实验提出物理问题、形成猜想和假设、设计实验与制订方案、获取和处理信息、基于数据得出结论并作出解释以及对科学探究过程和结果进行交流、评估、反思的能力。"科学探究"包括问题、数据、解释、交流等要素。在"课程目标"中也强调：具有科学探究意识，能在观察和实验中发现问题、提出合理猜想与假设；具有设计探究方案和获取证据的能力，能正确实施探究方案，使用不同方法和手段分析、处理信息，描述并解释探究结果和变化趋势；具有交流的意愿与能力，能准确表述、评估和反思探究过程与结果。

在"教学建议"中强调基于物理学科核心素养，确定教学的目标和内容，科学探究能力的培养应渗透在物理教学的整个过程。在教学设计和教学实施过程中重视情境的创设，物理概念的建立需要创设情境、物理规律的探究需要创设问题情境、应用物理知识解决具体问题应结合具体的实际情境。

在中学物理课程中，应注重科学探究，尤其应注重物理实验。在物理实验中，应发掘实验在培养学生发现和提出问题能力方面的潜在价值；应通过实验提高学生制订计划的能力，学会从原理、器材、信息收集技术、信息处理方法等各方面来构思探究计划，学会通过查询相关资料来完善探究计划；应通过科学探究让学生体会科学研究中相互合作的必要性。实验能培养学生的科学态度和科学精神，教师应培养学生严肃认真对待实验的态度，尊重实验结果与事实，杜绝编造和修改实验数据，并把实事求是的作风带到平时的学习和生活中去。

在课程实施建设中突出物理实验的作用。加强实验室建设，促进学生实验能力发展。重视实验室的硬件配置与建设。实验是物理学习的重要环节，是培养学生物理学科素养的重要途径和方式。物理实验室是学生探索物理规律、提高实验能力的重要场所。充分利用实验器材，强化学生实验和演示实验。物理实验是增加学生物理学习体验性的重要手段。学生实验是实践体验性最强的物理学习方式，通过学生自主实验设计与动手操作、观察现象与记录数据、分析归纳得出结论等环节，全方位地培养学生的科学探究能力。学生实验是其他任何方式都无法替代的物理学习方式，教师应最大限度地安排学生实验。

演示实验是师生共同探究物理问题的学习方式，也是体验性较强的学习方式，教师要积极利用各种器材，根据现有器材积极创新实验方式，尽可能多地开发出可视性强、实证性强、能引起学生浓厚兴趣的演示实验；要积极创造条件，建立实验室开放制度，鼓励学生利用自由时间开展自主实验；鼓励学生利用课余时间，以独立或小组合作方式，设计问题探究的实验方案，开展课外实验研究；要利用日常用品改进实验或开发新实验。实验室课程资源不仅限于实验室的现有仪器和设备，日常用品、废旧材料也是重要的实验室资源；可利用日常用品和材料来替代实验材料，使实验现象更明显、直观，或者利用这些材料创新物理实验，开发出低成本、高质量的物理实验，使学生有更多动手做实验的机会，更多亲历实验演示的机会，更好地培养和发展学生的实验技能、创新实践能力；要重视数字实验，创新实验方式。数字实验室系统是利用传感器、数据采集器等收集实验数据，用计算机软件分析实验数据、得出实验结果的现代化实验系统。数字实验室系统是教育信息化发展的需要，更是学生创新能力培养的重要方法和手段。利用数字实验室系统可使很多难以测量或难以控制的实验得以顺利进行，也使很多实验的测量精度大大提升。建议有条件的地区为学校专门创建数字化实验室，或引进教师演示用的数字实验室系统。学校要重视引导教师研究数字实验系统对传统实验的改进方法，研究数字化实验系统的教学方式，促进教学手段与方式的现代化。

可见，各种课程标准都对中学生物理实验能力，如实验观察能力、实验操作能力、实验思维能力、实验数据处理能力以及实验设计能力等提出了很高的要求。新课程标准对物理实验能力的基本要求将无疑为我们研究与培养中学物理教师的实验教学能力提供全新的视野和有益的启示。

明确中学物理实验教学的总目标，对中学物理中的各类综合实验进行总体分析，把握中学物理实验技能的具体项目及各项目标；能区分各类物理实验的作用，把握有关演示实验与学生实验在技能培养上的有机联系，发挥演示实验的示范作用，拟定出相应实验的具体要求，促进学生实验技能的形成与迁移，发展学生的核心素养；熟悉中学物理实验教学的基本仪器，懂得它们的使用要求和操作规程，掌握中学生对每件实验仪器应达到的训练标准；组织中学生开展物理探究活动及课外活动，以激励志趣，活化知识，培养科学探究能力，扩展物理教学的效果；培养具有建设中学物理实验室、开展物理实验教学研究的能力。

第三章 中学物理实验基本仪器的使用

第一节 长度测量仪器的使用

一、游标卡尺的使用

(一) 游标卡尺的构造及用途

游标卡尺是一种测量长度、内外径的量具。游标卡尺由主尺和附在主尺上能滑动的游标两部分构成。主尺一般以毫米为单位,而游标上则有10、20或50个分度,根据分度的不同,游标卡尺可分为10分度游标卡尺、20分度游标卡尺、50分度游标卡尺等。游标卡尺的主尺和游标上有两副活动量爪,分别是内测量爪和外测量爪,内测量爪通常用来测量内径,外测量爪通常用来测量长度和外径。

(二) 游标卡尺的分类

游标卡尺一般分为10分度、20分度和50分度三种,10分度的游标卡尺可精确到0.1 mm,20分度的游标卡尺可精确到0.05 mm,50分度的游标卡尺可精确到0.02 mm。

(三) 游标卡尺的刻度原理及读数方法

1. 10分度游标卡尺的刻度原理及读数方法

刻度原理:主尺的刻度每格为1 mm,取主尺上的9 mm分成10等分刻成副尺,副尺每格长度为0.9 mm,那么主尺与副尺每格长度相差为0.1 mm,当主副尺零刻线对齐时,主尺与游标的第一条刻度线间的距离为0.1 mm。

读数方法:从游标尺的零刻度线对准的主尺位置,读出主尺毫米刻度值（取整毫米为整数 X）；找出游标尺的第 n 个刻线和主尺上某一刻线对齐，则游标读数为 $n×$ 精度（精度由游标尺的分度决定）；总测量长度为 $L=X+n×$ 精度。

2. 20 分度游标卡尺的刻度原理及读数方法

刻度原理：主尺的刻度每格为 1 mm，取主尺上的 19 mm 分成 20 等分刻成副尺，副尺每格长度为 0.95 mm，那么主尺与副尺每格长度相差为 0.05 mm，当主副尺零刻线对齐时，主尺与游标的第一条刻度线间的距离为 0.05 mm。

读数方法：先看游标尺零刻度线对应的主尺毫米数 a，再看游标尺上哪一根刻度线与主尺刻度线对齐，数游标尺这个刻度线的第几根，再把根数×准确度=游标尺读数 b，最后 a+b 就是测量物体的长度。

3. 50 分度游标卡尺的刻度原理及读数方法

刻度原理：主尺的刻度每格为 1 mm，取主尺上的 49 mm 分成 50 等分刻成副尺，副尺每格长度为 0.98 mm，那么主尺与副尺每格长度相差为 0.02 mm，当主副尺零刻线对齐时，主尺与游标的第一条刻度线间的距离为 0.02 mm。

读数方法：先读整刻度（游标尺零刻度线前面最近的数），再读游标尺第几条线与整刻度的线对其就读几，然后乘以 0.02。例如：整数 41+（第 19 条对其）19×0.02=41.38 mm。

（四）游标卡尺的使用方法

将量爪并拢，查看游标和主尺身的零刻度线是否对齐。如果对齐就可以进行测量；如没有对齐则要记取零误差。游标的零刻度线在尺身零刻度线右侧的叫正零误差，在尺身零刻度线左侧的叫负零误差（这种规定方法与数轴的规定一致，即原点以右为正，原点以左为负）。

测量时，右手拿住尺身，大拇指移动游标，左手拿待测外径（或内径）的物体，使待测物位于外测量爪之间（或内测量爪之外），当其与量爪紧紧相贴时，即可读数。

（五）使用注意事项

游标卡尺是比较精密的量具，使用时应注意如下事项：使用前，应先擦干净两卡脚测量面，合拢两卡脚，检查副尺零刻度线与主尺零刻度线是否对齐，若未对齐，应根据原始误差修正测量读数；测量时，卡脚测量面必须与表面平行或垂直，不得歪斜，且用力不能过大，以免卡脚变形或磨损影响测量精度；读数时，视线要垂直于尺面，否则测量值不准确；内侧测量时，测量爪应尽可能深入孔的内部，应平行且完全接触于内侧。内径尺寸应量取最大值，槽宽应量取最小值；卡尺的深度尺，因细小容易弯曲，应小心使用，测量时要保持深度尺垂直于测量面。若欲得精密测量结果，应在同一部位进行多次测量（2～3次），并加以记录，然后取平均值；游标卡尺用完后，仔细擦净，抹上防护油，平放在盒内，以防生锈或弯曲。

二、螺旋测微器的使用

（一）螺旋测微器的结构及用途

螺旋测微器（又叫千分尺）是比游标卡尺更精密的测量长度的工具，用它测长度可以准确到0.01 mm，测量范围为几厘米，常用于测量细丝和小球的直径以及薄片的厚度等。

（二）螺旋测微器的原理

螺旋测微器是依据螺旋放大的原理制成的，即螺杆在螺母中旋转一周，螺杆便沿着旋转轴线方向前进或后退一个螺距的距离。因此，沿轴线方向移动的微小距离就能用圆周上的读数表示出来。螺旋测微器的精密螺纹的螺距是0.5 mm，可动刻度有50个等分刻度，可动刻度旋转一周，测微螺杆可前进或后退0.5 mm，因此每旋转了一个小分度，相当于测微螺杆前进或后退0.5/50=0.01 mm。可见，可动刻度每一小分度表示0.01 mm，所以螺旋测微器可准确到0.01 mm。由于还能再估读一位，即可读到毫米的千分位，故又名千分尺。

（三）螺旋测微器的使用

当小砧和测微螺杆并拢时，可动刻度的零点若恰好与固定刻度的零点重合，则旋出测微螺杆，使小砧和测微螺杆的面正好接触待测长度的物体两端，那么测微螺杆向右移动的距离就是所测的长度。读数方法：固定刻度上读整毫米数；由可动刻度读出格数并估读，再乘以0.01；待测长度为两者之和。

（四）使用注意事项

测量前应进行零点校准，转动棘轮，使测量轴与砧台刚好接触并听到"咔、咔、咔"三声即停止转动棘轮，读取此时的数值作为零点校准值，要注意零点校准值的正负。

测量时，在测微螺杆快靠近被测物体时应停止使用旋钮，而改用微调旋钮，避免产生过大的压力，这样既可使测量结果精确又能保护螺旋测微器；在读数时，要注意固定刻度尺上表示半毫米的刻线是否已经露出；读数时，千分位要有一位估读数字，即使固定刻度的零点正好与可动刻度的某一刻度线对齐，千分位上也应读为"0"。用毕还原仪器时，应将螺杆退回几转，留出空隙以免热膨胀使螺杆变形。

第二节　质量测量工具的使用

质量的测量是物理中的基本测量之一。物理实验中最常用的测量质量的工具是天平。生活中我们在不同的场所还能见到许多测量质量的仪器。

一、托盘天平

（一）托盘天平的使用步骤

放水平：把天平放在水平台上，用镊子将游码拨到标尺左端的零刻度线处；调平衡：调节横梁右端的平衡螺母（若指针指在分度盘左侧，应将平衡螺母向右调，反之平衡螺母向左调），使指针指在分度盘中线处或指针在中线处左右摆动的格数相等，此时横梁平衡；称量：将被测量物体放在左盘，估计被测物体的质量后，用镊子向右盘按由大到小的顺序加减砝码，并用镊子适当移动标尺上的游码，直到横梁恢复平衡。读数：天平平衡时，左盘被测物体的质量等于右盘中所有砝码的质量加上游码对应的刻度值。整理：测量结束后，用镊子将砝码夹回砝码盒，并整理器材。

（二）使用注意事项

每个天平都有自己的"称量极限"，也就是它所能称的最大质量。被测物体的质量不能超过称量极限。向盘中加减砝码时要用镊子，不能用手接触砝码，不能把砝码弄脏、弄湿。潮湿的物体和化学药品不能直接放到天平的盘中。

二、物理天平

（一）物理天平的构造及使用

天平的横梁上装有三个刀口，中间刀口安置在支柱顶端的玛瑙刀垫上，作为横梁的支点；两侧刀口上各悬挂秤盘。横梁下面装有一读数指针。当横梁摆动时，指针尖端就在支柱下方的标尺前摆动。支柱下端的制动旋钮可以使横梁上升或下降，横梁下降时，制动架会把它托住，以保护刀口。横梁两端的两个平衡螺母是天平空载时调平衡所用。每台物理天平都配有一套砝码。因为1 g以下的砝码太小，用起来很不方便，所以在横梁上附有可以移动的游码。支柱左边的杯托盘可以托住不被称衡的物体。

（二）物理天平的操作步骤

1. 调水平

调整天平的底脚，调平螺丝，使底盘上圆形水准器的气泡处于中心位置（有的天平是使铅锤和底盘上的准钉正对），以保证天平的支柱垂直，刀垫水平。

2. 调零点

先观察各部位是否正确，例如，托盘是否挂在刀口上。然后调准零点，即先将游码置于横梁左端零线处，启动天平（即支起横梁），观察指针是否停在中央处（或左右小幅度摆动不超过一分格时是否等偏）。若不平衡，先制动天平，调节平衡螺母，反复数次，调至横梁成水平，制动后待用。

3. 测量

将待测物体放在左盘，用镊子取砝码放在右盘，增减砝码、移动游码，使天平平衡。将制动旋钮向左旋动，放下横梁，制动天平，记下砝码和游码读数。把待测物从盘中取出，砝码放回盒中，游码移回零位，最后把秤盘架上的刀垫摘离刀口，将天平完全复原。

（三）物理天平的使用注意事项

天平的负载不能超过其称量极限。在调节天平、取放物体、取放砝码（包括游码）以及不用天平时都必须将天平制动，以免损坏刀口。只有在判断天平是否平衡时才能启动天平。天平启动、制动时动作要轻，制动时最好在天平指针接近标尺中线刻度时进行。

待测物体和砝码要放在秤盘正中。不许用手直接拿取砝码，只准用镊子夹取。称量完毕，必须将砝码放回盒内一定位置，不得随意乱放。称衡后，一定要检查横梁是否落下；两秤盘的吊挂是否摘离刀口，挂于横梁刀口内侧；砝码是否按顺序放回原处。

（四）电子秤、电子天平、地磅

电子秤是将现代传感器技术、电子技术一体化的电子称量装置，是利用胡克定律或杠杆原理测定物体质量的工具。电子秤主要由承重系统，如秤盘、秤体、传力转换系统（如杠杆传力系统、传感器）和示值系统（如刻度盘、电子显示仪表）组成。它能满足并解决现实生活中提出的"快速、准确、连续、自动"的称量要求。另外，它还具有累计顾客购买的不同货物金额、累计总金额、去皮等多种功能。电子秤的最大称量为30 kg，分度值为10 g，被广泛地使用于多种场所。

电子天平是以电磁力或电磁力矩平衡原理进行称量的天平。其特点是称量准确可靠，显示快速清晰，并且具有自动检测系统、简便的自动校准装置以及超载保护等装置。它的称量范围比较小（一般不超过100 g），精确度可以达到0.001 g，常用于科学研究和贵重首饰的质量测量。

地磅又称地中衡，是用以测定车辆重量或车内货物重量的一种固定衡器。它主要由承重传力机构（秤体）、高精度称重传感器、称重显示仪表三大主件组成，多用于仓库和车站。称量极限可以达到数十吨，精确度10 kg。

随着科学技术的发展，测量质量的工具的种类越来越多，并正朝着智能化、高精度、多功能的方向发展。我们可以根据实际测量的需要选择称量和分度值合适的测量质量的工具。

第三节　力的测量工具的使用

一、弹簧秤的使用

（一）弹簧秤的原理

弹簧秤又叫弹簧测力计，是一种利用胡克定律制成的测量作用力大小的装置。

（二）弹簧秤的种类

弹簧秤分压力弹簧秤和拉力弹簧秤两种类型。压力弹簧秤的托盘承受的压力等于物体的重力，秤盘指针旋转的角度指示所受压力的数值。拉力弹簧秤的下端和一个钩子连在一起，弹簧的上端固定在壳顶的环上。将被测物挂在钩上弹簧即伸长，而固定在弹簧上的指针随之下降。由于在弹性限度内，弹簧的伸长与所受之外力成正比，因此作用力的大小或物体重力可从弹簧秤指针指示的外壳上的刻度值直接读出。

（三）使用注意事项

弹簧测力计使用时注意事项：要看清其量程，所要测量的力不能超过它的量程。因为弹簧是有一定的弹性限度，超过这个限度测量就不准确，还有可能损坏测力计。测量前要看清楚弹簧测力计的分度值，以便测量时读数。

测量前要检查指针是否指在零刻度线。如果没有指在零刻度线，要进行调节，使指针指在零刻度线。使用前，要轻轻地来回拉动弹簧测力计的挂钩，看指针是否卡住，若是，将给测量带来较大的误差。测量时，拉弹簧测力计挂钩的力要和测力计平行，避免扭曲和摩擦，尽量减小测量误差。要等到示数稳定后再读数，读数时视线要与刻度面板垂直。

二、测量竖直方向的力

在测量竖直方向的力的大小时，应先将弹簧测力计竖直放置，检查并使指针对准零刻度线。测量力的过程中，要保持弹簧测力计始终在竖直方向。例如，在"探究重力大小与质量关系"的实验中，可选用一些质量为 50 g 钩码和分度值为 0.1 N 的弹簧测力计。先用弹簧测量力计测量一个钩码所受的重力，再逐次增加钩码的个数，分别测量所受的重力，并计算出重力与质量的比值，从而分析得出钩码所受重力的大小与它的质量存在的关系。另外在"探究下沉的物体是否受到浮力""探究影响浮力大小的因素"和"验证阿基米德原理"等实验中，由于所要测量的力都在竖直方向，所以也应保持弹簧测力计在竖直方向。再如，在"探究使用定滑轮和动滑轮的特点"的实验中，应在静止或匀速拉动过程中（即使钩码保持平衡状态）读取弹簧测力计的示数。而在"再探动滑轮"的实验中，为了分析使用动滑轮过程中，动力拉绳子所做的功与动滑轮拉钩码所做的功的大小关系以及测量在不同使用情况下动滑轮的机械效率，必须用弹簧测力计竖直向上匀速拉动绳子的自由端，并在拉动过程中读出示数。

第四节 时间测量仪器的使用

一、机械秒表

（一）机械秒表的构造与用途

机械秒表的主要构造有：启动停止按钮；回零按钮；分钟刻度；读取整分钟数（包括半分钟）；秒钟刻度；读取秒数。

（二）机械秒表的使用方法

使用秒表前，先检查发条的松紧程度，若发条已经松弛，应旋动秒表上端的按钮上紧发条，但不宜过紧。测量时，按下按钮，指针开始运动；再次按动按钮，指针停止运动；最后按一次按钮，指针便会回到零点位置。

（三）机械秒表的读数

读出小刻度盘的整分钟数（包括半分钟）；读出大刻度盘的秒刻度数；将两个读数统一单位后相加即得最后读数。

（四）机械秒表的使用注意事项

使用前先上紧发条，但不要过紧，以免损坏发条；使用完后应将发条完全松开。按动按钮时不要用力过猛，以防损坏。要特别注意防止摔破秒表，不用时一定将表放在盒中。

二、电子秒表

电子秒表是一种较先进的电子计时器，目前国产的电子秒表一般都是利用石英振荡器作为计时基准，采用6位液晶数字管显示器显示时间。电子秒表的功能比机械秒表要多，它不仅能显示分、秒，还能显示时、日、月及星期，精度为0.01 s。一般的电子秒表连续累计最大时间为59 min，可读到0.01s，平均误差 ±0.5 s。

电子秒表的基本使用方法：在计时器显示的情况下将按钮按住2 s即可出现秒表功能，按一下按钮开始自动计秒，再按一下按钮停止计秒，显示出所计数据。再按住两秒，则自动归零。若要记录甲、乙同时出发，但不同时到达终点的运动，可采用双计时功能方式。即首先按住2 s后再按一下，秒表开始自动计秒。待甲到达终点时再按一下，则显示甲的计秒时停止，此时液晶屏上的冒号仍在闪动，内部电路仍在继续为乙计时。把甲的时间记录下后，再按一下，可以显示出乙的时间。待乙到达终点时，再按一下，显示出乙的时间。

若需要进行校正与调整，可先持续按住按钮，待显示时、分、秒的计秒数字闪动时，松开，然后间断地按，直到显示出正确秒数时为止。如还需校正分，可再按一下，此时，显示分的数字闪动，再间断地按，直到显示出正确分钟数时为止。时、日、月及星期的调整方法同上。

三、打点计时器的使用

（一）打点计时器的种类及构造

打点计时器分为电磁打点计时器和电火花计时器两种。电磁打点计时器是利用电磁感应原理打点计时的一种仪器。当接在10 V以下（一般保证在4 V以上）的低压交流电源上时，线圈的磁场方向做周期性变化，在线圈和永久磁铁的作用下，振片上下振动起来，位于振片一端的振针也就跟着上下振动而打点，这时如果纸带运动，振针就在纸带上打出一系列点迹。振片的振动周期与电源的周期一致，当电源频率为50 Hz时，每隔

0.02 s打一次点，即纸带上每相邻两点间对应的时间间隔为0.02 s。

电火花计时器是利用电火花在纸带上打出点迹的计时仪器。当接通220 V交流电源，按下脉冲输出开关时，计时器发出的脉冲电流经接正极的放电针墨粉纸盘到接负极的纸盘轴，产生火花放电，于是在运动纸带上就打出一系列点迹。当电源频率为50 Hz时，也是每隔0.02 s打一次点，即纸带上每相邻两点间对应的时间间隔也是0.02 s。

（二）两种打点计时器的比较

两种打点计时器的打点方式不同：电磁打点计时器利用振动的振针打点，而电火花计时器利用电火花打点。电源电压不同：电磁打点计时器接入6 V以下交流电。电火花计时器接入220 V交流电。电磁打点计时器振针打点时与纸带会接触，会对纸带产生阻碍作用；而电火花计时器打点时基本不会阻碍纸带的运动，因此产生的误差较小。

（三）电磁打点计时器的故障及处理

打点计时器响声清脆正常，但不打点，可能的原因是复写纸多次使用被毁坏，更换复写纸即可。打点计时器发出嗡嗡声，且不打点，可能的原因是电磁打点计时器工作中的振动使弹簧片的螺丝松动，弹簧片位置移动。处理方法：松开螺丝，调整弹簧片位置，固紧螺丝。打点计时器打点但不清楚，打点响声沉闷，可能的原因是弹簧片太短、振幅太小。处理办法：松开螺丝，调长弹簧片，固紧螺丝。

第五节　电学测量仪器的使用

一、电流表

（一）电流表的原理

电流表是根据通电导体在磁场中会受磁场力的作用的原理而制成的。电流表内部有一永磁体产生磁场；在磁场中有一个线圈，线圈两端各有一个游丝弹簧，分别连接电流表的接线柱；在弹簧与线圈间由转轴连接；在转轴相对于电流表的前端，有一个指针。当有电流通过时，电流沿弹簧、转轴通过磁场，受磁场力的作用，线圈发生偏转，带动转轴、指针偏转。由于磁场力的大小随电流增大而增大，所以可以通过指针的偏转程度来观察电流的大小。这是磁电式电流表，就是平时实验室常用的种类。

（二）电流表的使用方法

校零，用平口改锥调整校零按钮。选用量程，根据待测电流的大小选择合适的量程，如果无法估计待测电流的大小，先选最大量程试测，若发现表针偏转角度很小，改用较小的量程，使表针偏转角度达到满量程的1/3以上。读数，看清量程，看清分度值（一般而言，量程0～3 A的分度值为0.1 A，0～0.6 A的分度值为0.02 A），看清表针停留位置（一定要从正面观察）。

（三）使用注意事项

电流表要与负载串联在电路中（不得直接接在电池两端否则会短路，烧坏电流表）。电流要从"+"号（正号）接线柱入，从"-"号（负号）接线柱出（否则指针反转，损坏电流表）。被测电流不得超过电流表的量程（可以采用试触的方法来看是否超过量程）。读数时视线要垂直于刻度盘面。

二、电压表

（一）电压表的原理

电压表是一种测量电压的仪器，在它里面有一个永磁体，在两个接线柱之间接有一个线圈，线圈放置在永磁体的磁场中，并通过传动装置与表的指针相连。大部分电压表都分为两个量程：0～3 V、0～15 V。电压表有三个接线柱，一个负接线柱，两个正接线柱，电压表的正极与电路的正极连接，负极与电路的负极连接。电压表电阻相当大，理想状态下可认为是断路。

（二）电压表的使用方法

使用前要先估计一下待测电压的大小，看选用那个量程合适；如果不知道电压的大小，则先选用量程大的一挡，若示数小于3 V，再选用量程较小的0～3 V挡。接线时，必须把电压表与被测电路并联，而且电压表的"+"接线柱要接在与电源正极相连的那端。

（三）使用注意事项

使用前，首先要检查指针是否指零，若不指零，需先进行调零。使用时，选取合适的量程，使读数尽可能在满量程的1/3以上。电压表要并联在待测电路的两端，"+"号接线柱接待测电路的高电位端（电源正极），"−"号接线柱接待测电路的低电位端（电源负极）。读数时视线要垂直于刻度盘面，根据所使用的量程读出结果。

三、万用表

万用电表，简称万用表，是一种多功能、多量程，便于携带的电子仪表。它可以用来测量直流电流/电压、交流电流/电压、电阻和晶体管直流放大倍数等物理量，分为指针式万用表和数字式万用表。

（一）万用表的结构

万用表由表头、测量电路、转换开关以及测试表笔等组成，面板上一般包括刻度尺、量程、挡位、机械零位调节旋钮、欧姆挡零位调节旋钮、供接线用的插孔或者接线柱等。

（二）万用表的原理

万用表的基本原理是利用一只灵敏的磁电式直流电流表（微安表）做表头。当有微小电流通过表头，就会有显示。因为表头不能通过大电流，所以必须在表头上并联与串联一些电阻进行分流或降压，从而测出电路中的电流、电压和电阻。

（三）指针式万用表的使用方法

测量前，首先把万用表放置在水平状态，并观察其表针是否处于零点（电流、电压刻度的零点），若不在，则应调整表头下方的"机械零位"，使指针指向零点。根据被测项，正确选择万用表上的挡位及量程。如已知被测量的数量级，则选择与其相对应的数量级量程。如不知被测量值的数量级，则应选择最大量程开始测量，当指针偏转角太小而无法精确读数时，再把量程减小。一般以指针偏转角不小于最大刻度的1/3为合理量程。

（四）电流的测量

把万用表串接在被测电路中时，应注意电流的方向。即红表笔接电流流入的一端，黑表笔接电流流出的一端。如果不知被测电流的方向，可以在电路的一端先接好一支表笔，另一支表笔在电路的另一端轻轻地碰一下，如果指针向右摆动，说明接线正确；如果指针向左摆动，说明接线不正确，应把万用表的两支表笔的位置调换。

在指针偏转角大于或等于最大刻度时，尽量选用大量程挡。因为量程愈大，分流电阻愈小，电流表的等效内阻愈小，这时被测电路引入的误差也愈小。在测大电流（如 500 mA）时，千万不要在测量过程中拨动量程选择开关，以免产生电火花，烧坏转换开关的触点。

（五）电压的测量

把万用表并接在被测电路上，在测量直流电压时，应注意被测点电压的极性，即红表笔接电压高的一端，黑表笔接电压低的一端。如果不知被测电压的极性和电压的大约数值时，将转换开关旋转至直流电压最高量程，然后按前述测电流的试触方法，如指针向右偏转，则可以进行测量；如指针向左偏转，则应把红、黑表笔位置调换。与电流表一样，为了减小电压表内阻引入的误差，在指针偏转角大于或等于最大刻度的 1/3 时，测量尽量选择大量程挡。因为量程愈大，分压电阻愈大，电压表的等效内阻愈大，这时被测电路引入的误差愈小。如果被测电路的内阻很大，则要求电压表的内阻更大，才会使测量精度高，此时需换用电压灵敏度更高（内阻更大）的万用表来进行测量。

在测量交流电压时，不必考虑极性问题，只要将万用表并接在被测两端即可。另外，一般也不必选用大量程挡或选择高电压灵敏度的万用表。因为一般情况下，交流电源的内阻都比较小。值得注意的是被测交流电压只能是正弦波，其频率应小于或等于万用表的允许工作频率，否则就会产生较大误差。不要在测较高的电压（如 220 V）时拨动量程选择开关以免产生电火花，烧坏转换开关的触点。在测量大于或等于 100 V 的高电压时，必须注意安全。最好先把一支表笔固定在被测电路的公共端，然后用另一支表笔去碰触另一端测试点。在测量有感抗的电路中的电压时，必须在测量后先把万用表断开再关电源。不然在切断电源时，电路中感抗元件的自感现象会产生高压而可能把万用表烧坏。

（六）电阻的测量

将转换开关旋转至欧姆挡适当量程上，两表笔直接相碰，调整表盘下面的调零旋钮，使指针先将指在零处。在测量电阻之前，应将电源切断，电路中的电容器应该先放电，否则会损坏万用表。在不能确定被测电阻是否有并联电阻存在时，必须先把一支表笔固定，然后测量，否则并联电阻会使被测电阻的测量值比实际数值小。

在测试电阻时，应注意不能两手同时接触电阻两端，因为这样等于在电阻两端并联上一只人体电阻，使测量数值偏小，尤其在测量大电阻时误差更大。量程变换时，都必须调节调零旋钮，使指针指向零。为了提高测试的精度和保证被测对象的安全，必须正确选择合适的量程。一般测电阻时，要求指针在全刻度的 1/5～1/4 的范围内，这样测试精度才能满足要求。使用完毕后不能将量程开关放在欧姆挡上。应将量程开关置于"OFF"挡。

为了保护微安表头，以免下次开始测量时不慎烧坏表头，测量完成后，应注意把量程开关拨在交流电压的最大量程位置，不得放在欧姆挡上，以防两支表笔短路时，将内部干电池的电量全部耗尽。

（七）数字万用表使用方法

直流电压的测量：黑表笔插入"COM"孔，红表笔插入"V/Ω"孔；将功能开关置于"DCV"挡，将测试笔并接到待测电源或负载上，如显示"1"表示超过量程，需将开关置于更高量程；测直流电压时，显示负号表示反接。（注意：当不能准确估计被测电压范围时，应先将开关置于最大量程，并根据需要逐渐下降。）

直流电流的测量：黑表笔插"COM"孔，当测量值小于 200 mA 电流时，红表笔应插入"mA"孔；当测量值大于 200mA 时，红表笔应插入 20 A 插孔；开关置于"DCA"挡，并将表笔串联接入待测电路；测量直流电流时，显示负号则实际电流为反向。（注意：如果不知道被测电流范围，应先将功能开关置于最大量程，再逐渐减小量程。如显示"1"，则表示超过量程，需将开关置于更高量程。测电流时，要将表笔串联接入待测电路，否则可能损坏万用表或电路元件。）

四、测电笔的使用

测电笔也称验电笔，俗称电笔，是用来检测导线、电器和电气设备的金属外壳是否带电的一种电工工具，其测量范围在 60～500 V。根据外形来分，测电笔有钢笔式和螺丝刀式两种。测电笔的基本组成：笔尖金属体、高压电阻氖管、小窗、弹簧、笔尾金属体。

（一）使用方法

使用测电笔时，用中指和拇指持测电笔笔身，食指接触笔尾金属体或笔挂。当带电体与地之间电位差大于 60 V 时，氖泡产生辉光，说明有电。（注意：人手接触测电笔部位一定要为测电笔的金属笔尾或者笔挂，绝对不能接触测电笔的笔尖金属体，以防触电。）

（二）测电笔的其他用途

可用来判断直流电路是否接地。在对地绝缘的直流系统中，可站在地上用测电笔接触直流系统中的正极或负极，如果测电笔氖泡不亮，则说明没有接地；如果氖泡发亮，则说明有接地。其发亮如靠笔尖端，则说明为正极接地；如靠手指端，则为负极接地。必须指出的是，在带有接地监测继电器的直流电路中，不可采用此方法判断直流系统是否发生接地。

可以用来判别交流电和直流电。在用测电笔进行测试时，如果测电笔氖泡中的两个极都发光，则是交流电；如果两个极中只有一个极发光，则是直流电。

用于判别电压的高低。普通低压测电笔的电压测量范围大致在 60～500 V。有经验的电工可根据经常使用的测电笔氖管发光的强弱来估测电压的大致数值，氖管越亮，说明电压越高。

检查相线是否短接。用测电笔接触电气设备的壳体，若氖管发光，则有因相线短接而漏电。

（三）数字感应测电笔

数字感应测电笔是近年来出现的一种新型电工工具。它可在绝缘壳外侧利用电磁感应探测，将探测到的信号放大后利用 LCD 显示来判断物体是否带电，具有安全、方便、快捷等优点。

按钮说明：直接测量按键（A 键）（离液晶屏较远），也就是用笔头直接去接触线路时，请按此按钮；感应测量按键（B 键）（离液晶屏较近），也就是用笔头感应接触线路时，请按此按钮。

注意：不管电笔上如何印字，离液晶屏较远的为直接测量键；离液晶屏较近的为感应键，即本数字感应测电笔适用于直接检测 12～250 V 的交、直流电和间接检测交流电的零线、相线和断点，还可测量导体的通断。

数字感应测电笔使用。间接测量：按住 B 键，将笔头靠近电源线，如果电源线带电的话，显示器上将显示高压符号。可用于隔着绝缘层分辨零/相线、确定电路断点位置。直接测量：按住 A 键，将笔头接触带电体，显示器上将分段显示电压，最后显示数字为所测电路电压等级。

第四章 初中物理实验教学的方法

第一节 初中物理分组实验教学

一、物理实验教学

物理实验教学即教师通过实验传授物理知识、揭示物理规律、培养学生能力的教学过程。物理实验教学通过物理理论结合物理实际，具有实践性和灵活性，现在已经成为物理教学的关键环节之一，是其非常重要的组成部分。

（一）分组实验教学

为了达到教学要求，在实验室准备好学生实验所用的仪器，根据学生人数分成实验小组，让学生按照一定的教学目的充分发挥想象力进行自主设计实验的教学过程被称为分组实验教学。分组实验教学分为基本仪器操作实验、观测性实验、验证性实验和探索性实验四种类型。学生分组实验教学与课堂演示实验有着很大的区别：一是学生是否进行了分组；二是学生是否进行了自主实验设计；三是前者是实验室教学，后者是课堂教学。在分组实验教学中学生自主拟定实验方案，挑选实验仪器，组装实验设备，手动操作实验仪器，观测实验现象，记录资料数据，分析实验的结果。

（二）初中物理分组实验教学

探索性实验不但有助于强化学生的动手操作技能和分析问题、解决问题的能力，也有利于学生科学实验方法的形成。下面以探索性实验为例阐述分组实验教学环节。

（三）初中物理分组实验教学环节

一般来说，初中物理学生分组实验可以分为实验准备、实验操作和实验总结三个阶段。在实验准备阶段，教师的教学应起到引领作用，帮助学生认识实验仪器，指导学生拟定实验计划，引导学生明确实验目的、通晓实验原理，明白实验方法，做好数据记录。参与分组实验的每个学生都应提前做好实验准备，理解并明白实验原理，能够自主拟定实验方案，清楚并熟悉掌握实验方法，细心记录每项实验数据。实验总结阶段是完成实验报告的最后过程，也是检验实验成果的阶段。学生在教师的引导帮助下认真分析实验数据、记录实验结果，完成实验报告。

二、各教学环节的具体任务

下面主要是对初中物理学生分组实验教学的实验准备阶段、实验操作阶段和实验总结阶段这三个教学环节涉及的具体教学任务进行阐述，以充分理解和熟悉分组实验教学模式，为下文将分组实验教学模式成功地运用到初中物理教学实践案例中去提供了一定的理论依据。

（一）实验准备阶段的教学任务

这一阶段是调动学生的学习兴趣、唤起学生的学习动机的过程。在初中物理实验教学过程中起着非常重要的作用。在该阶段，学生要了解实验目的，清楚实验原理，熟知实验仪器，掌握实验方法，才能够更好地完成实验并详细记录实验数据，并可以轻松撰写实验方案。而设计实验方案对于初中生来说，刚开始会很难，这时候则需要教师从旁协助，帮助学生完成结构式实验方案，多加练习熟悉后，再帮助学生完成半结构式实验方案，直到学生能够自己设计实验方案。实验问题清单，"问题清单"是教师在初中物理实验中经常用到的，这种形式不仅能提高学生的动眼观察、动手操作和动嘴讨论的积极性，更加能够引导学生进行思考。一般来说问题清单在分组实验前就应该已经设计成形了的。

（二）实验操作阶段的教学任务

如果说前一阶段是学生学的阶段，那么这就是学生做的阶段，需要学生安装仪器；操作、控制实验条件的变化；进行观察测量和获取实验数据。

教师介入建议。第一，强调分组实验纪律是非常有必要的，教师通常都会禁止学生大声喧哗，但会鼓励和支持学生之间小声交流、讨论。第二，教师要游走于教室的各个角落，顾及实验的每一组学生；有的教师还会在某个小组旁停留观察，这样能够更加详细地掌握实验效果，停留的时间太久了也不行，因为时间有限，要把时间平均分到各个小组。第三，如果指导时太靠近学生，也会干扰实验的进行，所以指导要适度。

引导讨论建议。第一，实验过程中教师要始终坚持"最少干预原则"。如果实验小组的所有人员全力以赴还没有解决问题，那么教师就必须介入了，但也不要直接告诉解决的办法，应以提供建议、点拨为主。第二，教会学生的实验技能是操作阶段的重要部分。有时，教师会亲自示范给学生正确的实验仪器使用方法，也会现场操作。第三，学生训练要严格按照操作规范进行，不能乱了程序和操作步骤，这是一个熟练的过程，教师也要严格要求。

（三）实验总结阶段的教学任务

这一阶段的教学任务包括分析实验数据、概括实验结果、总结实验结论、交流实验过程、撰写实验报告，其中撰写实验报告是这个阶段教学的主要任务。分析实验数据是需要学生个人完成的。学生取得实验结果后进行理性的分析。这一过程非常重要，所以教师会让学生亲自体验。教师不能培养懒散的学生，绝对不允许个人不分析数据的情况发生，更加不能允许有抄袭发生。概括实验结果，如果发现错误，教师会帮助和提醒学生分析原因，找出产生错误的根本问题，有时为了数据准确需要重新进行实验，实验本身要实事求是，坚决杜绝造假、蒙混过关，否则会造成学生互相推卸责任，实验不真实，或误认为仪器出了故障。总结实验结论，这是实验中非常重要的一环，虽然有点辛苦，但会更加活跃学生的思维。此时，就需要教师来帮助小组将实验结果进行分析后再总结概括，从而找出物理规律。交流实验过程，交流的过程也会针对一些突发的小事件进行认真分析，像一些不常见的问题，更加需要学生用心地去寻找原因。通过交流的过程能够帮助学生养成好奇心和质疑心，培养良好的科学素养。撰写实验报告，通过撰写实验报告使学生锻炼口才，提高了语言表达能力，在撰写报告的同时对整个实验的过程进一步加深。对此，教师会要求学生加强对实验报告的撰写能力。

三、分组实验教学的理论基础

（一）建构主义学习理论

建构主义学习理论是在维果茨基和皮亚杰认知发展理论的基础上发展而来的，建构主义学习理论认为，学习是学习者主动选择和接收外来的信息（而非被动地接受），在自身的社会认知和知识系统的前提下，对信息进行归纳、分析和研究，从而构建自己内心表征的过程。学习者在教师的帮助下，通过自身的分析和加工，完成自身的学习过程，在这种过程中，同样的信息使不同的学习者得到的认知是不一样的。

建构主义学习理论强调的是自上而下的信息传递和操作，并通过自下而上的反馈和构建达到学习者自身知识的增加及学习能力的提升；另外，建构主义学习理论还强调学习者之间的合作，强调学习者通过问题反馈和探究合作来强化对信息的正确处理和知识的构建。建构主义教学理论提出促进教学的三个条件。

学习以学生需求为中心，教师予以辅导和指引从一般学习方法到建构主义学习方法的转变，从以"教"为主到以"学"为主的转变，从突出"讲授"到突出"反馈""探究"和"合作"的转变，从关注学习结果到同时关注学习过程的转变，由组织设计外部信息输入转变为个体间的交互活动设计，这一转变突出了学生是学习信息加工的主体，是知识体系的主动建构者，而非被动接受者和传输者。在分组实验教学中，所有的学生都要参与到实验中，需要亲自组装仪器、测量计算，亲自观察到实验现象、得出实验结论，在这一过程中教师只是起到辅助引导的作用，也就是让学生建构自己的物理知识体系。

1. 建构与实际情况相一致的学习情景

建构主义学习理论认为，与实际情况不一致或者对实验情况不了解的情况下进行的知识获得是不全面的、单一的，只有在实际情况与学习情景一致的情况下得到的知识才是高级知识，即深层理解、高级思维和实际解决问题的能力。因此，我们可以通过各种贴近生活的演示实验及分组实验，使学生们看或亲自动手完成物理实验，观察到各种新奇的、有趣的实验现象，充分为学生学习物理提供了感性素材和生动的实际情境，有利于促进学生主动地获得更高层次的知识。

2. 注重合作学习，强调学生与学生之间的讨论

建构主义学习理论强调学习者之间的合作，强调学习者通过问题反馈和探究合作来强化对信息的正确处理和知识的构建，学习者通过信息反馈以及和其他学习者之间的信息沟通，从而使理解更为丰富和全面。初中阶段的学生物理分组实验教学无疑是对这一理念的最好诠释，在物理教学中，对学生进行有效的分组实验，在这个过程中合作学习体现了重要价值及意义。

（二）人本主义教学理论

人本主义教学理论是以学习者为中心，构建一个自由、安全，使学习者身心愉快的环境，从而帮助学习者发挥自身的潜能，自行摄取知识和构建知识体系。在这一思想指导下，现代美国著名的人本主义心理学家之一——卡尔·罗杰斯提出了"非指导性教学"。

"非指导性教学"要求教师为学生尽量创造一个良好的学习平台（创设学习环境、提供学习资源、进行有效引导等），以此让学生产生好奇心，激发学习的兴趣，让学生在宽松、民主的气氛下去探索和讨论未知的学习世界，充分发挥自己的潜能。"非指导性教学"重视学习过程，在学习过程中让学生学会如何学习，懂得解决问题的方法，而教师在此过程中是学生学习的促进者、合作者。所以"非指导性教学"就是以学生为中心的教学模式。显然"非指导性教学"所提倡的教学理念与物理学科以实验为基础的这一性质是不谋而合的，在物理教学过程中实验给学生创设了相应的物理情境，让学生知道学习物理的趣味性、实用性以及和自己的切身利益的关系，从而激发学习兴趣，保持学习欲望，引起情感上的共鸣，产生自发的内部学习动机。

人本主义教学理论作为一种极具影响力的教育理论，其对教学的影响是广泛的，对物理教学的影响更是深入的。在初中物理分组实验这一教学方式中，处处体现了人本主义的教学理论，本节也把这一理论作为研究基础来展开如何提高分组实验教学的教学效果，提出建设性

的措施及建议。

四、初中物理分组实验教学存在的问题及原因

素质教育的倡导使得目前国内很多学者和专家以及老师把目光投向了物理实验教学这个方面。物理教学的改革也在不断地推进。但是改革并没有有效地改善中学物理实验教学的现状，仍然存在着很多阻碍因素。

（一）在学校方面

学校对学生学习过程方面的监管力度和重视程度不够。应试教育占了主导地位，只要成绩好其他的一切都不重要。不论学生用的什么方法什么途径，学习更看重的是结果和成绩，就算没有分组实验教学也没有关系。学校管理没有与时俱进，很多教师甚至校长的实验意识都非常薄弱，对于实验室的监管也不到位，他们认为实验室的使用时间应该是有所规定的，一般只能是课堂时间，其他时间学生是没有资格进入实验室的。最后学校的实验教学设施落后。落后和陈旧的实验设备是实验教学开展的主要阻碍因素，没有足够的经费投入，设备量不能满足分组实验教学的开展。学习的实验经费是需要靠上级拨款的，所以学校不会随意订购实验器材，加之学校领导对实验教学工作的不重视，并不会在乎实验器材过少这一问题。

（二）在教师和学生方面

传统的教育观念和应试教育对于教师的影响很大。很多教师自身受教育的过程就受传统教育观念以及应试教育的影响，这样的成长背景使得教师往往会忽视了分组实验教学的重要性，而更加注重学生的成绩。课余时间教师基本上都会备课、整理收集和分析考试资料、细化考试知识点等，还要每天批改大量的学生作业，准备多媒体课件等。可以说，教师的教学任务繁重、时间安排也很紧凑，没有更多的精力去准备和开展分组实验教学活动。

五、初中物理分组实验教学的改进策略

（一）重视和加强学生分组实验教学

科学需要实事求是、不捏造。通过实验创新教育，培养学生学会物

理实验技能和科学实验方法，学会使用实验方法处理问题。学生分组实验是中学物理实验教学过程中最为基础的一项工作，能够引导和开发学生对实验的兴趣，鼓励学生主动去做实验，着重培养学生在设计实验和实践方面的综合能力以及思维创造能力。在整个实验过程中，探究显得尤其重要，探索性实验更加能够挖掘教学内容，自然地将课内探索扩展到课外活动。通过强化实验教学目标，培养学生做到正确选择仪器、正确安装调试实验装置、正确按规程操作、正确地使用观察方法、正确地测量读数、正确地处理数据、正确地总结实验结论。

改革实验教学模式，加强对学生实验方法和创新能力的培养，大胆摒弃旧有的教学模式，探索寻找科学的实验教学程序，使用更加优化的实验教学模式，从实验方法等基础过程的改革来达到全新的、更加科学合理的教学模式。不管何种教学模式，教师仍然是发挥其主导作用的，教学主体仍然是学生。教学过程又是教师和学生互动的过程，是互相了解、互相信任的过程，只有互相了解了，才能更加有效地提高学生的学习积极性和实验的自主性，从而激发学生的创造性。其中，鼓励和支持让学生独立进行设计，独立操作实验，能充分调动学生的主观能动性。与课堂教学不同的是，初中物理实验教学可以变单向信息传递为双向式、多向式信息传递与交流，教师和学生始终保持互相的关系，互相交流，互相探讨。通过一系列的改革，让学生也参与进来，听取学生的心声建议，因为他们是最具有发言权的，他们的感受和想法才是最贴近现实的，从而调动每个学生的学习积极性和培养他们的创新能力，不能因为旧有的教学模式阻碍了学生的创新能力。

一般来说，按课程标准规定必做的分组实验，可以科学合理地把学生分为以下三类：第一，迟钝型，其表现为具有较差的理解能力，较慢的头脑反应能力，较为缓慢的行动力；第二，思维敏捷型，其动作却是粗糙的；第三，具有独立思考能力，动手能力特别强的一类。根据不同类型的学生分组进行实验可以实现因材施教，但无论是哪类型的学生，必须要自己独立完成整个实验过程，教师做的只是答疑引路。对于改革实验报告的书写形式也要实现改革，以前的实验报告太过于呆板，沿用的是统一的格式，这样会影响学生的自由发挥能力在掌握物理实验的基础上，写出实验的成果和关键部分以及取得的进步即可。

（二）改革考试方法，加大实验考核力度

说到物理考试，大多还局限在书面的理论考试上，对于实验操作能力上的考试非常有限，没有全面的实验考核，所以应改革物理考试方法，加大实验考核力度。也就是真正地将理论考试和实验考试结合起来，检验实验课的成果，也是学习物理的真正目的，学习不是为了考试而考试，毕竟物理实验才是最终的目的，运用到实际的工作和生活中的是实验。物理考试成绩通常是由平时考核成绩、理论考试成绩和操作考试成绩组成，三者各占的比例大致为2：2：6。

上课是否到位、听课是否认真、实验报告的书写是否规范合理等是平时的考核内容。要想全面考核学生的学习进度以及掌握实验理论基础知识的程度最好的方法就是在期中、期末考试卷中增加理论题的比例。而操作考试是对教学目标进行分解后的，按照教学大纲的要求和按实验内容难易程度把考试分解为考基础实验，大多围绕《标准》中规定必做的实验为主要部分。有时，对于一些思维比较敏捷，反应能力强，具有独立思考能力以及动手能力强的学生，必要时会加强综合性的物理实验考试，也有设计性实验的考试。也就是将不同的实验进行了组合，也可以说是一种综合强化能力的测试。面对较复杂的问题时，怎样解决呢？这里会要求学生能通过实验手段去自己发现和处理问题，分析原因，形成实验报告。考设计性实验时，由教师发布实验目的和要求，学生自己操作进行实验方案设计，并自己完成实验，这既能考查学生的创造能力又能锻炼学生的自主操作能力。

（三）进行分组实验教学反思，促进教学改革

在物理分组实验存在的问题中，学生的实验能动性具体表现为：学生的知识、技能基础和能力发展水平制约着实验问题的深度和广度。在学生所掌握的知识、技能和能力水平有限的范围内，很难接受教师给出过深的实验问题，过于频繁了也会适得其反，会造成学生解决不了实验问题，更无法发挥能动性，学生反而失去对实验的兴趣，降低实验教学的效果。学生实验能动性还表现在学生在实验教学中独立地提出实验问题、积极思考、思维活跃。这一点也是能动的实验教学所推进提倡的。所以，教师应通过各种激励措施和奖励机制等各种方式方法来支持和鼓励学生独立操作。

　　实验设计中的实验能动性，在物理实验教学中，授课教师要尽量让学生独立进行分组实验设计，这样做具有如下重要意义：一方面成功地激起学生对科学实验的学习兴趣。学生可以自由地凭借自己平时所学的物理知识，自主地或在教师引导启发下，拟定实验方案，从而达到学生能够独立解决物理实验问题的教学效果。学生独立操作成功一次就会有成功后的兴奋，可以激起他们更大的学习兴趣，这对学生下一步做科学探究起到了强有力的推动作用。另一方面学生独立完成物理分组实验，可以养成解决问题的能力和创造能力。学生首先要具有灵活性和创造性，熟悉运用所学的物理知识和技能，才能科学地设计出优质的物理实验方案。同样，学生要熟练运用进行物理实验的科学方法，对待实验要具有严肃认真、一丝不苟和敢于创新的实验精神，所以要着重培养、强化学生进行科学实验的训练以及正确的科学态度。

　　实验能动性的重要一环还在于实验操作。实验操作不是按部就班操作就可以的，而是需要熟练实验操作的步骤和方法，认真学习分组实验操作规程，做到熟识并掌握。善于发现问题，遇到问题或发现结论错误时能够及时查找原因，分析解决问题，确定实验操作中错误操作，这些充分显示出学生的实验能动性。个别比较优秀的学生还能在分组实验中探索并创新实验的方法和技巧，看到问题就会钻研解决，这正是实验能动性的充分体现。

　　观察是通过人的感官来实现的，人的感官又可以选择客观对象，眼睛看到的是自己的意识决定的。在物理实验课堂教学中，学生感觉的这种特性，在某种程度上制约着教师的演示实验，所以这时就需要教师所做的演示实验能够刺激到学生感官，引导学生去看应该看到的和应该听到的、嗅到的东西，保证实验成功，确保学生接受实验并清楚明白实验的操作步骤以及带来的实验效果。因此，教师应充分发掘物理分组实验现象的特性，吸引学生的感官和好奇心来观察，演示实验不能是眼花缭乱的，要选择重点来引导学生观看，这对于培养学生乐于观察的好习惯起到了很大的作用。引导学生进行分组实验观察的同时，教师适时地提出学生感兴趣的实验问题，引导并启发学生积极思考，参与讨论，能够调动学生的实验能动性。

　　物理分组实验教学过程中一定要教育学生实事求是的科学态度，捏造实验数据或者人为地修改记录下来的实验现象和数据都是不对的。物理用语化、表格化、线图化都有其专用术语和方式，书写物理方程式一定要准确，表格设计尽量简单明了，绘制图表一定要正确规范、实验装置图也要力求美观；充分发挥实验的能动性，认真分析弄明白实验现象产生的原因，能够得出正确的理论解释和结论；最后要做出完整、真实的实验报告等，这些均体现了学生在处理实验结果中的实验能动性。

（四）反思突出问题本质

1. 反思教学目标

新课程教学目标可分为知识与技能、过程与方法、情感态度与价值观。教学目标对现代教学理念和新课程观进行具体化的分解，更加有利于新课程标准的实施，其中三维目标针对的是全体学生，帮助学生达到全面发展。以学生为主体、教师为主导、学生发展为本的课堂教学是一种全新的教学理念。然而分组实验教学又和物理理论知识的课堂教学有着本质的区别，和演示实验的教学也有不同之处，与两者相比，分组实验教学更加注重学生的主体性。分组实验教学是培养学生实验能力和科学态度的重要方法，有利于开发学生创新思维，有利于对学生进行科研启蒙教育。因此，在分组实验教学的思考过程中，不但要考虑到"知识与技能"目标，更要考虑到"过程与方法"和"情感态度与价值观"，同时达到要求才算成功的教学，才能真正实现新课标目标教学。

2. 反思教学内容

教学反思中很重要的一条是教学内容方面的反思。教师在授课前首先要明确授课的内容，理论知识讲解授课和物理实验课是一样的，确定内容非常重要，也要把握重点、难点，才能更好地分配时间和内容，对此，反思教学对整个教学过程起到了非常重要的意义。如果反思得不到正确的结论，那么将会对教学过程产生极大的影响，甚至造成无用教学。实验教学结束前要正确总结反思教学活动是否达到了预期的效果，对课堂教学质量是否满意，是否符合标准要求等。教学的重点和难点是教学活动中所采取的教学方式方法的依据，教学的重点和难点还为教学活动创立了中心和方向。在分组实验教学中，学生们的反应体现他们的接受程度、参与程度、投入水平等，同样，产生相应的体验的还有身在其中的教师。通过了解学生群体性的反映情况，教师会反思一个个的问题：是否完成了教学目标的要求，是否完成得顺利，教学过程是否以学生为中心？是否符合了学生的认知特点？本实验教学重点突出吗？教学难点有所突破吗？有什么可改进之处？等等。

3. 反思教学行为

教学过程非常复杂，要做到与时俱进，知行合一，又要做到因地制宜，因材施教。长期以来物理教学存在着墨守成规、一成不变的教学方式，没有反思，没有推陈出新，有些学校出现了低效甚至无效的教学效果。每个教学行为都有个理论支点，那就是教学理念，教学理念要随着社会进步和发展而更新、转变。所以，在新课程标准的指导下，物理教师需要经常反思整个教学行为，包括自己和他人的，随时创新教学理念。不能仅仅停留在过去的教学经验，通过经常反思，就会发现弊端，发现问题，去其糟粕，留其精华，及时更新教学理念，以教学理念作为教学行为的理论支点，旧有的教学远远不能满足学生的求知欲和创新要求，只有不断地顺应时代发展才能更上一层楼，才能实现有效教学。

教学的过程本来就是师生之间互相交往的过程、师生通过对话与沟通活动实现传授知识和接受知识的过程。教学活动中也是需要师生之间进行交流的，包括情感的交流，讲课习惯和听课习惯的磨合，师生之间是否在课堂上表现愉快，学生能否全身心地投入到课堂中，老师是否注意到全体学生的举动等，都是教学过程中除了传授知识以外需要加强注意的。以某校教师在"探究杠杆的平衡条件"实验教学中的课堂教学为例，教师先是设计了几个相关的通俗易懂的问题，像是小时候玩的跷跷板的特点是什么，有什么方法使它平衡等问题。学生们小时候都玩过，并不陌生，也许小时候就知道答案，所以能引起共鸣和学习兴趣。然后让学生们进行实际操作，将小时候熟悉的简单的问题运用到实验中，从而得出杠杆的平衡原理。学生们不仅个个兴趣盎然，饶有兴趣地完成整个实验过程，而且对这堂课印象极为深刻，写出了理想的实验报告，成功达到了预期的教学效果。

4. 注重多角度评价实验效果

物理分组实验后的评价是目前大多数学校教师教学中缺乏的环节之

一。在分组实验后，教师要针对学生在实验过程中存在的问题以及实验结果的不理想进行分析和反馈，让实验失败小组重新进行实验，以帮助其找到实验失败的原因，让学生彻底弄清楚实验的原理以及要达到的实验效果。另外，要将分组实验的课堂成绩纳入学生的考核成绩中，并对教师的教学进行评价，教师和学生双方都会变得重视。

初中物理分组实验的评估和反馈极为重要，主要由以下几种方法组成：第一，学校内部或者学校联合开展物理实验竞赛，让学生意识到物理实验的趣味性，学生可以进行教学过程中的实验课题，也可以创造性地设计实验课题，提升动手能力；第二，开展实验考察，可以将实验考察纳入物理的最终成绩中，以此来促进广大师生对分组实验的重视；第三，书面考试检测。通过书面考试的方式，来测评分组实验中突发情况的处理、结果、操作方法、过程等。

观察和实验是学习物理的基本方法。物理学的成就，主要来源于科学实验。物理教学实验不仅能帮助学生形成正确的物理概念，增强分析问题的能力，加强对物理规律的理解，而且能直接培养用实验方法去验证和探索问题的技能；而学生分组实验同时还能提高学生的操作水平，培养学生的参与意识和创新精神。在教学中，教师必须根据课程改革的要求，对每个学生实验进行深入的研究，打破条条框框的限制，开放性地对某些实验进行改进，以更好地挖掘学生的潜在能力，培养学生的创新精神。

研究"串联电路和并联电路的等效电阻"是在学习了串、并联电路的等效电阻的计算公式之后安排的，属于验证性实验。为了培养学生的探究精神，可在学习了伏安法测电阻，讲明了等效电阻定义之后，仿照已经做的研究"串联、并联电路电流、电压关系"实验，让学生自行设计实验，分析猜想得出串、并联电路的等效电阻的计算公式，这就为理论推导等效电阻的计算公式指明了方向，也给学生更多自主学习与研究的机会，有助于创新精神的培养。

有些实验，按照教材给定的步骤进行实验可能会有些不妥，教师可引导学生进行讨论改进。如在"测盐水密度"的实验中，给定的步骤是先测出烧杯的质量，再测烧杯和盐水的总质量，然后将杯中盐水倒入量筒中测出体积。在学生做完实验后，教师让同学们观察烧杯——

"真的空了吗？"学生便注意到杯壁上有水珠。"这对实验结果有无影响？"学生便分析出这样会使体积测量值偏小，而使测得的盐水密度偏大。"有什么方法改进吗？"通过同学讨论，找到了更科学合理的步骤：先测盐水和烧杯的总质量，将一部分盐水倒入量筒后，测其体积 V，再测出剩余盐水和烧杯质量和。通过对该实验步骤的改进，既增强了学生科学严谨的实验意识，又培养了学生打破常规、勇于创新的精神。

有些实验，我们不能仅满足于通过操作达到规定的实验目的，而要借题发挥，巧妙提出相关问题，开拓学生思路，如在"观察水的沸腾"实验中，教师先提出问题"注意沸腾前后的气泡的体积有何变化，为什么会这样？"引发学生思考，逐步养成他们善于观察、提问探究的习惯。又如在"测小灯泡功率"的实验时，用所测得的数据求出小灯泡在不同电压下电阻，教师提出问题"为什么同一个小灯泡在不同电压下具有不同阻值？"通过学生讨论思考，加深了对已学的"导体电阻大小受温度影响"这一知识点的理解。这样的联系性提问，不但使学生加深了对本实验有关知识的认识，同时训练了学生灵活多变的思维方式。

课本给定的实验，一般是用最简单的方法研究最基本的问题。在实际教学中，可以在做完这些实验之后，设计一些类似的变式实验，以拓展学生的思维。如在学习"用刻度尺测长度"的实验后，给出一些题目让学生们讨论思考，如怎样用刻度尺测出一张纸的厚度？怎样用刻度尺测出某地图上铁路线的长度？怎样测出圆的周长或直径等。在做了"伏安法测电阻"的实验后，改变实验条件，只提供一只电表，另外加上一个阻值已知的电阻、已知最大阻值的滑动变阻器，电阻箱，双刀双掷开关，来测一个未知电阻的阻值。让学生自行选择器材来设计实验，并亲自动手实验验证看能否达到目的。结果讨论火热，仁者见仁，智者见智，最后统计，全班同学的方法共有三十余种。在做了"用温度计测水温"实验后，教师给出思考题"怎样才能更准确测出深井中的水的温度？"有的学生认为可以把温度计用绳子拴住放入井水里，等会儿迅速提出，然后读数。有的说提上来一桶井水，用温度计直接来测。这些提议最后都被部分同学讨论否定，提出最为合理的方法：取一饮水瓶，将温度计悬吊在瓶中，再将瓶拴住放入井水里，水满瓶后待很长时间后，然后将瓶快速提出，立即从瓶外观察温度计的示数。诸如以上这样开放式的变化，极大地调动了学生思维的积极性和创新性。

在进行物理实验中，错误是难免的，当测量值与理论值差很大时，强调不能随意修改数据，而要思考实验失败的原因是什么。如一个小组测出的铁块的密度比理论值小很多，"可能是什么原因造成的？"学生分析出"一是质量偏小了，二是体积偏大了。"质量为何偏小了？是读数时漏读游码示数还是天平未调平等其他原因？体积偏大了，具体原因又会是什么？确定原因所在，然后带着这些注意问题再重新做一遍实验。这样的处理，既有助于学生养成实事求是的科学态度，又培养了学生分析问题、解决问题的能力。

第二节　初中物理师生合作实验教学

一、合作实验教学的现状

当前，最常见的物理实验教学就是把实验课作为验证结论和寻找规律的课程，所有的实验都是按教材备课，对照教材进行实验，在教材中总结实验结论。不考虑实验误差，不注重实验缺陷。在整个实验过程中，过半的学生处于"砧板肉"的学习境地。在新课程改革的要求下，这种教学模式已经过时了。因而，在物理实验教学中，应改变这种对基础知识的传承和基本技能训练的照搬照抄，在教学中要有组织地对学生进行科学素质的培养和训练，教给学生科学探究的一般方法，把培养学生的动手实践能力和正确思维方式置于实验教学活动中，努力开创物理实验教学的新常态。

现实是许多教师虽然意识到了这个问题，且进行过实践，但是操作起来却有很大难度，难以坚持，最后不了了之。从分组实验，教师从实验目的、原理、仪器的挑选和准备、操作步骤到注意要点，通盘准备，另外还要花近半节课的时间讲清整个流程，然后学生按照教师制定好的实验步骤，勉强做做实验，胡乱取几个或凑几个数据，就算是完成实验了。以这样的方式做实验，能有什么收获呢？不仅如此，在实际教学中，通常都是一个班的学生，在同一时间，做相同的一个实验，不仅用同一种方法、相同的仪器，而且还要学生在规定时间内做完，得出同一结论。这样做就会导致一部分学生看别人怎么做，自己就怎么做。特别是两人合作时，有极少数学生光看不动手，也不留心观察实验，不记录有关数据，更谈不上去思考，结论都是符合课本的，一点误差都没有，看上去似乎很顺利，实际的情况则完全相反。在学生自己做实验的过程中应该会碰到不少的问题，数据也不可能完全相同，结论也不会完全准确。

教师在实验教学后总结得出，在历届学生实验的教学中，主要问题有以下两种情况：一是教师包教，学生照搬照抄；二是教师完全放手，学生自生自灭，这两种方式其实都是不可取的，因为教师没有因材施教。想提高学生在不同的实验中发现和解决问题的总体水平，想突破学生的思维定式，就更是难上加难了。怎么与时代发展对人才的需求适应呢？时代的发展倒逼一线教师必须要在实验教学设计上花足够的时间、下大力气，使实验教学多元化，适宜新课改的需求。

在一个学生实验中，学生实验前的知识水平怎么样？实验单独能不能完成？哪些学生适合单独做？哪些学生必须要合作完成？不能单独完成进行分组实验可不可以？教学的难点、易错点在哪？如何克服？教师不仅仅要考虑这些问题，还要熟读教参，与同科目教师探讨，使实验从设计、进行、收尾，整个过程清清楚楚，才能使学生在一定程度上得到提高。

（一）课程对实验教学的要求

在义务教育阶段，物理课程应该注重知识的传授和技能的训练，注重将物理科学的新成就及其对人类文明的影响等纳入课程，而且还应重视对学生终身学习愿望、科学探究能力、创新意识以及科学精神的培养。因此物理课程的构建应注重让学生经历从自然到物理，从生活到物理的认识过程，经历基本的科学探究实践，重视物理学科与其他学科的融合，使学生得到全面发展。显然，我们可以这样理解：物理知识的学习应该建立在生活体验之上并使二者相互结合，上升到新高度。

物理学由理论和实验两部分构成。实验是人类探索世界的一种重要活动，从最初的观察到思考再到理论，是进行深入研究的基础，是人类对自然界基本规律的认识和总结。九年义务教育阶段，物理课程提出让学生学习和掌握最基本的知识与技能，经历基本的科学探究过程，得到科学态度和科学精神的熏陶。它面对的是提高全体学生的整体素质，促进学生的全面发展为主要目的的自然科学基础课程。

既然是这样，那教师就应该不断提高自身对物理教学的认识，并运用于教学实践之中。实验是一个综合性的过程，从提出猜想到观察，再到执行和反思，每一个环节都肩负着举足轻重的作用。严格对待和严格要求是学生学习物理最重要的一环，只有这样的方式才能培养学生实事求是的态度和综合能力。

（二）目前实验教学存在的问题

教师过分重视物理知识的传授与传输，忽视学生获得物理概念与规律的过程；教师包办的各种实验活动多，学生缺乏自主参与，造成学生对实验观察不到位，思考不充分，知识理解不透，无法将知识与技能有效地迁移到学生的现实生活和社会实际之中；教师在教学过程中只为完成教学任务，学生缺少思维活动，缺少对真实情境的体验，导致学生对物理或物理实验没有兴趣。课堂重结果，轻过程，教师对教学过程设计比较简单，不考虑学生的实际情况，从而忽视针对学生的教学设计，缺少对学生的态度、价值观的培养，学生没有过程体验和感受，科学方法和能力培养没有落实。

教师有一大堆问题，而学生几乎没问题。教学中大部分是教师"问"学生"答"，在课堂教学中，很多时候教师注重学生的回答是否正确，反感学生"问"，觉得学生在钻牛角尖，怕丢面子，不允许学生质问老师，完全忽视了对学生"问"的指导。在有学生问的时候，老师少量回答，或是教师以拖慢课堂为由不予讲解。课堂组织以教师为主体，学生自由思维活动很少，导致学生很少能提出问题甚至不能提问，学生间通过合作探究解决问题的机会就更少。教育变成了"无问题"教育，学生在考试或生活应用时却有一大堆问题无法解决。上课时学生没有带问题进教室，也没有带着问题走出教室。

问题的解决者主要是教师而不是学生。相当一部分课堂教学方法通常结构过于严密，忽视了批判性思维与独立探究能力的培养。教学只将问题当作课堂教学的点拨或兴趣点，主要教学内容仍由教师讲解完成。学生间没有通过合作探究了解问题、思考问题和解决问题的氛围，而是跟着教师的思维转，教师讲哪里就听哪里，看起来学生在积极思考回答，实际上课堂的主人仍是教师；有时候学生甚至不听不看，完全是在开小差或是混日子，课后的合作学习更是不可能完成或仅以形式应付。为此，笔者想通过对师生合作探究教学活动的理论和实践研究，结合一部分教师在初中物理教学中合作探究教学的成功做法，结合自己的教学实践，通过有关案例分析，总结出适合初中物理师生合作探究教学活动可行可借鉴的原则、方案及实施策略，为初中物理师生合作探究教学的开展提供有效的建议和帮助。

二、合作实验教学的目的和意义

（一）理论意义

初中物理教学以观察、实验为基础。观察和实验能够使学生体验到物理事实，从而获取具体准确的认识，而这种认识是掌握、理解物理概念，得出规律必要的基础；观察和实验对培养学生的观察、实验综合能力、实事求是的科学态度、激发学生学习兴趣都有无法替代的作用。所以，在教学中要重视让学生观察实验的现象，鼓励学生对实验要进行改进，要不断加强物理实验教学，使学生在学习的过程中发挥其重要而特殊的作用。

在义务教育初中物理教材中，不同的实验有不同的要求。有的实验注重猜想，有的注重操作，有的注重设计，有的注重对物理知识的理解和应用，各有各的特点和作用。实验是课堂教学的延伸和补充，是提高学生有意注意的法宝，是做好物理教学毋庸置疑的重要部分。在教学实践中，把实验的教学放在第一位，既有利于激发学生的兴趣，引起学生的直接注意力，还可巩固知识，提高学生的综合能力，有利于培养学生动手动脑的习惯，加强学生与教师间的默契，提高学生的实验技能；在一定程度上可以培养学生的实验创新能力、创造潜力；更有利于培养学生分析和解决问题的能力，对不断提高物理教学质量具有重要意义。

物理实验本身的特点和它在教学中的地位，决定了其在教学中的重要作用。其作用主要体现在：创造学生能够认知知识的环境；实验能激发学生的信心和兴趣；培养学生的物理实验的方法；巩固学生的综合能力；加强学生良好的科学意识。一线的物理教师，理所应当要利用物理实验改变学生的学习观念，使物理实验教学在学习的过程中成为最重要的一环。

（二）现实意义

在物理教学中，部分教师觉得做实验费时间，课堂上习惯用讲实验的方式替代做实验，或直接借助多媒体进行实验演示。按说物理实验以多媒体进行演示比较形象，而且逼真，但它应该用于那些实验现象不明显，或者没有实验器材的情况，因为这样只会让学生当时看懂，事后容易忘却。这样做的结果就是学生动手操作的能力得不到锻炼，真的动起手来不知道要干什么。实验过程中可能出现的故障或问题，突发情况都不复存在。实验都是顺利的，更不会思考解决实验过程可能遇到的问题。

比如"探究液体压强与液体密度、液体深度的关系"实验中，如果U形管内液体始终静止，如何控制橡皮膜在同一深度，做完一个变量研究下一个变量时如何让U形管内液体液面相平，这些情况该如何解决？教师片面化、简单化地用讲实验或推理实验的方式来代替学生做实验，会大大降低学生的实验能力，降低学生对知识的理解和掌握。实验的教学是不容易的，光是准备工作，就需要花费大量的时间和精力。比如学校资金力量不足，使得有的实验必须由教师自己做器材，效果还不好；而有的实验由于学生接受能力低，为了他们可以听得懂，必须做很长时间；有的学校没有专门的实验室负责人，教师既要备课，还得准备实验。但教师不能以此为借口不做实验。为了符合教改的需求，提高学生的实验意识和实验能力，不管有多大的困难，教师都不应该轻言放弃，一定要坚持，哪怕一个学期只做几个实验，时间长了，也总能让学生积累一定的实验能力和技巧。

近年来，中考物理试卷对实验全方位的考查涉及物理实验教学的各个方面，尤其重视考查学生的实验技能和综合分析能力，试题中时常现课本中的实验，涵盖演示、学生和课外三种实验，如"伏安法测电阻""阿基米德原理""物体的浮沉条件""音叉振动传递能量"等实验。要求学生对实验原理、实验设计、实验数据统计表的设计、数据分析、得出结论、分析实验是否有不完善的环节等进行思考与解决。目前学生在实验题的得分率都不高，这说明教师在教学中应该更重视物理实验教学，增强学生的实验整体能力。因此，为了培养学生观察能力、猜想能力、操作能力、思维能力，提高他们发现、观察、分析、解决推理问题的能力，提升学生学习物理的兴趣和爱好，调动他们的学习积极性，引导他们从小爱科学、学科学，激发他们敢于登上天梯的雄心壮志，教师应纠正实验教学观念，从认真对待实验教学做起。

初中物理知识分为物质、运动规律和相互作用三大部分。在器材充足、学生学有余力的前提条件下，有的实验是学生自行能够完成的，能达到课程标准的要求，但有些实验受限于器材、学生能力、学校师资等原因，学生或无法完成或完成效果不佳，甚至可能连动手的机会都没有。利用师生合作实验的方式进行教学，能够解决所碰到的实际问题，一定程度上能够取得比较良好的效果。

（三）物理实验的必要性

实验在物理教学中的特点主要反映在：重要地位、动手动脑、动口讨论、生活关联等方面，这些特点决定了实验在物理教学中不可估量的作用。实验能激发学生的兴趣和求知欲，这主要有以下原因：实验比较真实、学生参与其中、便于团队合作、易集中学生注意力。对于初中学生，虽然有一些物理实验现象比较常见，但学生不一定能够解释，而有的实验现象比较奇特，有很强的吸引力，学生观察生动有趣的实验，易唤起其注意力。当注意力高度集中的时候，通常能够记住所见所闻。实验的目的性非常明确，学生动手做实验，会主动观察实验现象，能提出问题并进行讨论，记录实验数据。增加学生动手做实验的次数，可以使学生掌握基本的实验方法，集中注意力，实验的成功能够提升学生的自信心，增强后续学习的欲望，还可以让学生尝到"发现"和"解决问题获得成功"后的快感，增强兴趣、提高信心、提升学习欲望，从而转化为热爱科学的素质。"兴趣是最好的老师。"只有让学生对学习产生兴趣，才能激发学生的积极性、自信心、主动性、创新性。

（四）物理实验教学的方法

中学物理实验主要涵盖演示实验、学生课堂分组实验、学生课外实验三种类型。因为不同类型实验的教学要求和教学方式不同，所以教学之前的准备设计也不同。演示实验主要是以配合讲解、建立概念为目的，以让全体学生集体观察，有便于观察为特点，因此应力求实验现象明显、直观、简单、可靠，富有启发性。学生课堂分组实验是以培养实验素养、锻炼实验技能、学习研究方法为主要目的，它以小组操作和结论或规律得出研究为特点。因此，应当突出实验研究的原理、方法、操作步骤、实验数据的真实性，测量的结果有一定的误差，即便是误差大也是允许的，另外部分实验还应注意实验安全，如液体的沸腾实验等。学生课外实验主要是以掌握和应用课堂知识、扩充知识面、发展学生自学能力为主要目的，提高学生实验积极性。因此，对于课外实验的要求，就应该突出科学与生活的联系，符合学生的实际操作水平，让学生能够有所创新，并注意加强引导，由易到难，逐步提高。

在物理实验教学中，物理教学理论、原理、方法是相互渗透的，不能把它们分离开来。有的实验需要依靠巧妙的方法突破难关，有的实验方法需要符合教学理论要求的实验设计，吸引学生去发现物理思想的奥秘，而有些实验的物理思想虽然很新颖，但是可能超过了学生的知识水平，或者由于操作过于随意，也就没有实现教学价值。因此，在对物理实验教学进行设计时，应该将物理教学理论、原理、方法结合起来全盘考虑。

（五）物理实验教学理论

物理学是一门以观察、实验为基础的自然科学。在物理学中，每个概念的建立、每个定律的发现，都有其坚定的理论和实验基础。物理学的发展经历了从启蒙时期、经典物理学时期、现代物理学时期的三个发展阶段。从物理学发展主线看，物理实验是物理学理论的基础，也是物理学发展的动力源泉。实验是物理学的基础。在物理教学中运用实验的目的，主要是给学生学习物理创造激发学习兴趣的环境，使学生能主动地获取物理知识和培养能力，促成学生科学品德和人生观的形成，通过学生的观察、记录、分析和总结，使学生掌握实验的基础方法和基本知识，从而培养他们的实验技能和能力。由于物理实验本身的特点和它在物理教学中的作用，所以中学物理教学必须以实验为基础。

物理实验是有目的的、有计划地运用仪器和设备，在人为控制的条件下，使物理现象再现，从现象中观察、记录、提问、思考、讨论，并获取大量数据的一种科学研究方法。物理实验的主要特点有两个：一是可控性，二是可重复性。一线的物理教学是运用科学的方法获取知识的一种方式，更是学生全方位提高能力的一种形式。

三、合作实验教学设计

（一）合作实验教学理论基础

1. 科学性原则

整个设计思路、实验方法、分析方式的确定，不能偏离科学的基本原理、基本知识以及学科领域的基本原则，因而，科学性是设计实验成功的前提。

2. 简便性原则

在实验设计时，要考虑到实验材料容易获得，实验装置简单，容易上手，实验现象比较明显，实验步骤合理易懂，实验时间刚好合适。

3. 安全性原则

在实验过程中，要考虑到实验设备器材不易损坏，能够提前意识到实验中可能出现的危险，提前告知学生，对可能产生的危险应该有心理准备，并做好防护措施，对可能污染环境的材料要进行科学无害化处理。

4. 多次性原则

在同等条件、相同环境下重复做同样的实验，观察实验结果是相同或是只有稍小的偏差。不管哪个实验都必须要有足够的次数，才能判断结果的可靠性、真实性，避免偶然性，如果设计的实验只进行一次或只能进行一次，得出的结论是不可靠的、缺乏普遍性的。

（二）合作实验教学设计的方法

科学探究是科学学习的内容和科学学习的目标。科学探究一般包括"提出问题—猜想与假设—制订计划与设计实验—进行实验与收集数据—分析与论证—评估与交流"等环节。"猜想与假设"是否正确需要依据一定的科学理论，然后通过实验才能得到验证。实验能否顺利进行、能否得到正确的结果，科学合理的实验设计是不可或缺的。学生实验设计得好与差，能很好地反映出教师的实验能力。实际上，各类考试也非常重视考查实验设计。因此，通过让学生掌握科学探究中的实验设计的基本方法、基本思路、基本原则来提高他们的实验设计能力是非常必要的。物理实验设计的基本方法有如下几种：

1. 类比法

所谓类比法是将一些科学现象或科学量放在一起进行对照、比较，从而简化教学、便于学生理解的一种方法。例如，在研究电流时，我们用水流来形象比较；研究电压时我们用水压来比较，通过水压时产生水流的原因从而形象说明电压是形成电流的原因。

2. 转换法

科学测量中常需测量一些不能直接测量或无法观察到具体数值的量。这时，应把不可直接测的量转化为可直接测的量，进而通过一些方法或公式转化为待测的量，这就是转化法。

例如，"电流的热效应"实验中，我们无法测量电器究竟释放了多少热量，此时就可以将电热器置于煤油中，通过观察温度计的变化来反映释放的热量；用滑块滑动距离的长短来反映其所受到摩擦力的大小。

3. 模型法

在实际实验中，限于条件，有许多现象是不可能直接观察的，也无法用转换法测量出其准确值。这时，人们依据相似理论，人为制造或模拟一个等同于研究对象的科学模型，用于替代对实际对象的测量，这就是模型法。例如，磁场的强弱、光线的走向，我们用的都是模型法。

4. 控制变量法

为了弄清事物变化的原因和规律，当研究多个因素对一个因素的影响时，先控制住其他几个因素不变，集中研究其中一个因素变化对研究对象所产生的影响，这种方法叫控制变量法。控制变量法的设计程序如下：确定实验中变量个数，然后研究其中一个量对实验的影响，必须保证其他变量为恒定值，以此类推，再研究其他量对实验的影响。例如，"研究电阻的大小与哪些因素有关"的实验中，先猜想电阻大小与电阻长度、粗细、材料、温度有关。研究长度对电阻大小的影响时，应该控制两根电阻的粗细、材料和温度相同，将其接入电路中，改变长度，观察电流表的变化，可知电阻大小与电阻长度的关系。

四、初中物理师生合作实验教学策略

实验是初中物理中经常要动手动脑的活动。它不仅要求学生能够动手做，更要求学生会想、会设计、会讨论、会团结、会交流。总的来说，对一般学校的学生来说，这样的要求是很高的，要想完全达到这样的要求也是特别困难的。因为一般学校的学生及学校本身就存在诸多的不足和欠缺，如学生整体水平较低，学生层次参差不齐，实验条件特别简陋等。因此，可以在教学时循序渐进，逐步提高，尽可能让有的学生达到当中的大部分要求，少数的学生力争达到全部要求。当然，若能有大部分学生达到全部要求肯定是最好不过的。另外，对于中学物理教学大纲中要求的演示实验、学生实验和课外实验三个板块，在教学时一定要重视其难易程度，结合不同的学生水平开展，有的实验对当期学生难度极大时要放慢速度或将其简化，有的实验器材不足可以用演示的方式进行，而课后实验一般根据学生的主动程度和家长的配合、经济情况来开展。把一些实验器材不足、难度又大的实验，以师生共做的形式开展，可以化解许多问题和困扰，是一种比较理想的实验策略。

（一）实验探究能力与实验技能培养并重

教师在教学过程中会碰到许多困难，但不能因为有困难就图方便，对待学生和工作随心所欲，更不能以讲实验替代做实验。这样做也许在一定程度上会使教师的工作量降下来，同时也会让学生解题的能力提高了，教育的目的不仅仅是做题得高分，谁都没有扼杀学生动手动脑的权力。不管教师采用哪种教学方法，都要为身为一名"物理教师"真正担当起责任来，时间不够就要准备充分，器材不足就要制作器材，学生能力弱就要"传帮带"，要力争把物理实验放在教学的最重要高度。培养学生的物理实验能力任何时刻都不能松懈，要紧绷这根弦，

时刻为提高学生的素质和社会的发展而付出个人的全部努力，摒弃"押题、考核、奖金"等思想。

《标准》特别将科学探究纳入教学内容的标准中，目的就是要现在的学生具备扎实的基本功和基本能力，并将这些功夫和能力在不断的学习过程中得到提升，在以后的高中、大学里学以致用，发挥每个人的聪明才智，不断开拓创新，运用到社会的各个领域，使我国的整体软实力提高，从而减小与发达国家的差距，使当代学生成为社会主义的接班人。在初中阶段物理学科当中，让学生经历科学探究过程，认真学习科学方法，掌握科学探究的基本功和基本能力，了解科学、技术与社会之间的密切联系，懂得学习知识不仅仅是掌握实验能力，还应掌握实验技能，因为知识对社会发展的作用是巨大的，人的生存、社会的发展都离不开知识，知识的作用越来越明显，世界上各个国家之间的竞争不断转化为知识的竞争，离开了知识就寸步难行。学习要认真、刻苦、不断钻研，力争把每个知识点、每种方法都掌握好，逐步树立科学的世界观和人生观。

（二）提升学生的实验素养

在新课程的教学要求中，教师要倡导探究型学习活动，使探究型学习活动常态化，提升学生的实验探究能力。那么究竟怎么提升呢？首先，物理实验探究能力不是简单地会使用器材和重复实验步骤，而是要通过对实验原理的掌握、实验设计的规划来准确地进行实验，能够在实验中发现新的问题，并尝试解决或合作解决，会用科学的方法分析实验数据，找出与其他组实验的差距，进行比对，得出统一的、实验所反映的一般规律，区别出与权威规律之间的不同，并能够和其他组学生一起评估实验的不足，使学生的实验技能从中得到提高。在培养学生物理实验能力的过程中，教师要重视学生科学实验习惯的培养，严格按科学探究七步骤对学生进行经常性锻炼，着重培养学生的标准实验能力，包括器材的选择和合理使用、正确的实验步骤、准确的现象观。

实验技能主要包括科学合理的猜想、实验方法的得当应用、简单好用的实验方法、便于观察的实验现象、言简意赅的实验步骤、科学合理的现象解释。例如，在探究电流与电压、电阻关系时，学生首先要对它进行猜想：电流与电压成正比，与电阻成反比；要画出实验的电路图，这样能便于学生连接电路时知道滑动变阻器的接法和作用，闭合开关前电路应该断开，滑片应放至阻值最大处；学生连接实物时要与电路设计一致，遵循一定的规律从电源的正极开始连接（亦可反方向连接，以自己准确方便连接为准），连接电压（流）表时注意"+"进"-"出（选择合适的量程，连接时开关应断开）。连接好电路后，还要进行必要的检查（如试触），然后再按照实验步骤进行，认真仔细观察实验现象，认真记录数据，实时解决实验中出现的问题，最后还应与同学进行讨论，得出正确的结论。有些实验要对数据进行记录，利用某个物理公式或某种物理方法处理数据，以达到正确的物理规律或是最大限度减小实验误差，这才是学生实验能力的主要体现。再如，在探究"影响蒸发快慢与哪些因素有关"的实验中，猜想衣服摊开晒容易干，那么蒸发与液体的表面积有关；衣服放在太阳下晒容易干，那么蒸发与液体温度的高低有关；衣服在通风处容易干，那么蒸发与液体表面上方的气流有关。这样的猜想与生活联系很密切，我们便可以用酒精进行实验，将酒精散开时干得快，证明猜想是正确的；同理，加热时干得快，用吹风机吹气，酒精干得快，得出猜想也是正确的。通过合理的科学方法，一项一项地排查，最终得出结论：液体蒸发的快慢与液体的温度、液体的表面积、液体表面上方的空气流速有关。

（三）转变对学生实验能力的评价方法

1. 重视过程性评价

所谓过程性评价是指对学生在实验前、实验中、实验后的思考评价。一直以来，考虑教学的复杂性，物理教育通常缺乏对学生思维过程的评价，许多时候只重视实验结果是否达到了教学目标，对于过程中出现的问题进行忽略或完全放弃，没有重视学生解决问题的过程，导致学生在学习过程中养成凑数据、照搬结论的习惯，达不到提高学生实验能力和实验技能的目的。

一般说来，过程性评价方式在学生经历的科学探究过程中进行，不仅有利于激发学生的物理思维乐趣和实验的成就感，而且有利于促进学生良好的科学思维，最终使学生达到能够主动分析问题、解决问题的水平。因此，在对科学探究活动过程的评价时，教师必须重视学生在学习中的反馈，及时指出学生在发现和解决问题时所取得的成就，鼓励能够发现问题和提出问题的学生，表扬能够解决问题的学生，这样才能使评价更加全面，更令人信服。

2. 要强调个性化评价

个性化评价是指，在科学探究中，重视学生个性化反应，尊重学生的个体差异和特点，强调个性化评价。教师要把科学探究个性化评价作为学习物理知识的教育途径。个性化评价可以依据学生个体能力和差异制定相关的测试题目，在实验的过程中针对不同的学生提出不同个性的问题，进行适时表扬。不同的问题应该有不同的答案，允许学生根据自己的所学、兴趣或特长做出不同的回答，不管什么样的答案都应该使学生获得评价、获得认同感，促进其发现问题和思考问题的能力，以展示学生个体的积极性、创造性。

3. 要突出真实性评价

真实性评价是指，在真实的学习环境和物理情境中进行评价。实验教学中，学生对物理情境和学习内容的认识有密切的联系，有什么样的问题、思考、结果，就应该有对应的评价，这种评价还应该及时、准确，而不是进行不切实际的评价。因此，物理教育应强调在教学中理论联系实际（知识和学生）进行适时评价，过后不评价，实现物理教育的真实评价功能，实现"从生活走向物理，从物理走向生活"的教育目标。

4. 重视自我评价

自我评价就是评价对象在学习的不同时段内，对自己的成绩或能力差异进行的评价。学生要对自己的探究过程不断进行反思，分析自己在知识、态度方面的变化。教师也要不断对自己指导科学探究的教学行为进行分析和反思，总结成功经验并不断改进不足。

学生学习评价对课程实施具有很强的导向作用。在评价的内容和形式上，应该注意以下几个方面：强调评价在促进学生进步方面的作用，不强调评价的筛选与鉴别功能。重视学生在观察、实验、制作、猜想等方面的评价，不提倡只以书面考试进行评价，对学生起反作用。倡导客观记录学生成长过程中的具体事实，不过分强调评价的标准化。

教育评价的目的在于促进学生的整体发展，除了基本的检查、筛选功能以外，更重要的是要起到反馈调节、展示激励、反思总结、积极导向的作用。对学生某一学程（学期或学年）的实验探究综合能力作出评价，是科学探究活动有效开展和促进学生探究综合能力不断提高的重要手段。

评价的形式有：用记录卡片的形式记录学生学习的情况，要收录学生学习物理过程中的资料，如遇到或发现的问题，通过思考回答合理的问题，被否定过的猜想，通过努力最后解决的难题，设计巧妙的方法和表格，优质的作业，实验中的观察和记录。要客观准确地记录学生在活动中的总体表现，记录者可以是教师或者是学生，可以是即时的记录，也可以通过访谈记录学生的表现情况。

知识与技能的考查应该注重理解和应用，但记忆性的内容也可适当考察。可以采用一部分闭卷，一部分开卷，这样做一方面可以避免学生死记硬背，另一方面也可以减轻学生的心理负担。要对形成性评价和终结性评价予以同等重视。要对知识与技能、过程与方法、情感态度与价值观进行全面评价。应该采用口头表达、笔试、实验叙述、实验操作、实验反馈与学习档案等多种方式进行评价。不同的评价方式反映不同的侧面，在很多情况下它们是不可一概而论的，因此不能以权重进行打分，甚至对各种评价的结果进行合并，给出一个"综合"的分数或等级。应该客观地结合不同学生的个性，鼓励学生按照自己的特长、爱好分别在实验、制作、理论学习、社会调查等方面有突出的发展。

五、教学过程的设计

（一）创设情境，具体呈现

新课教学仅从知识传播的角度去备课，通常会忽略学生的兴趣、心理、接受能力。若一味地复习上一节课的内容，时间长了会使学生觉得没有意义，提不起兴趣来；若是不复习就讲授新课内容，学生又会感到比较茫然。一堂课的教学中，不仅要让学生积极地投入学习中来听、看、发现、讨论，而且还要让他们掌握教学要求的学习目标、研究方法。因此，情境的创设就要以学生原有的认知为基础，以学习目标为依托，使学生在教师教与自身学的过程中产生学习的冲动，积极地投入到自我的学习氛围中来。形象生动的学习情境，可以是引人入胜的小实验，可以是物理学家的精彩故事，还可以是典型的实验视频或音乐。展现的方式有讲故事引入、动手演示现象、精彩的多媒体播放等。展现时应该结合教学、复习时穿插、新课引入时穿插、课前穿插等形式服务于教学。例如，在讲"阿基米德原理"中，教师可以先给学生讲讲他在洗澡过程中的发现，然后说说其成就，接着再来做鸡蛋在盐水中能够浮起的实验。这样做能够引起学生的兴趣，提高他们的有意注意，使其注意力快速集中到本堂课学习的内容，从而引起学生思维的活动。

（二）设置问题，高效提出

好的问题是开启学生思维的钥匙，是学生思维的源泉，是教师上课的利器。教师要在教学的不同环节、不同时段设置不同形式的问题。教师可以结合学生的情况设置试探性的问题，激发学生的思维，还可以设置中偏下的学生能够回答的问题，使他们获得成就感，提升其学习的动力。同时，问题的类型应有所不同，例如，设置过渡性问题，能承上启下，自然过渡教学内容，使学生的思维有连续性，思考的过程处于幅度不大的曲线上，逐一解决问题，这种方式有利于激起大脑皮层的反应，提高学生思维能力，不造成思维跨越，设置总结性的问题，使学生解出合理而正确的答案或结论，并知道它们的得出过程，从而培养学生的归纳和总结能力；设置发散性问题，使学生对概念、规律的认知得到提示和思考，能够在原认知的基础上使思路得以提升，从而培养学生创造性解决问题的能力。通过这些各式各样的问题，使学生学习的新知识与原有的生活经验碰撞，激发他们的大脑转起来，促进学生知识的构建。最后一点，注意提出问题的坡度应该是使学生的思维由置疑到质疑，达到学生思维的最优化。切实可行且效果良好的提出方法是创设问题情境，通过引导提优，集中学生的问题，使得后续的探究有明确的目标和内容，这样的教学过程，才能够培养学生提出问题的意识和能力。

（三）灵活教学，精心组织

目前，物理教学除常规教学策略外，最重要的教学方式就是科学探究。其重要性与知识的地位处于同一高度。就现在的教学来看，在进行探究的过程中学习技能与知识，不仅能够激发学生的课堂气氛、调动学生的思维，而且还能提高听课效率。通过实验能够全面地促使学生动手实验、动脑思考、动口讨论，培养学生动手做实验的能力和团结协作能力。千百年来，教育的理论都在重申"教无定法"，科学探究的策略、实验的方法和形式以多样化形式铺开。对于教学究竟采用探究式教学还是接受式教学，应该由教师结合以往的教学经验和学生不同的接受能力进行判断，选择合适的方式进行教学才能最大限度地使教学获得成功。

同时，不管采取哪种方式，都要深入考虑以下问题：学生有哪些活动？怎样组织这些活动？教师有哪些活动？怎样进行活动？如探究"动能的大小与哪些因素有关"这一项目，教师可采用质量不同的滑块从斜面的顶端分步滑下，观察木块被推动距离的远近，通过木块滑动距离的远近判断出动能的大小与物体的质量有关，同时，使用相同的滑块从不同的高度滑下，观察木块被推动距离的远近，从而判断出动能的大小与物体的运动速度有关。通过实验的分析与论证，总结该实验运用了控制变量法、转换法，科学合理的实验总结出正确的结论。

（四）问题拓展，详细选材

新课程标准反复强调从"生活走向物理，从物理走向生活"。教学应该把物理从生活中引进来，再适当地从课本引向实际应用及生活，培养学生感悟生活、领略物理学科的魅力，在常规的学习中不断培养学生的创新思维、创新精神。而学生的课外实验，就是课内问题的延伸，是补充知识的一种方式。它主要是以巩固课堂内知识与方法、拓展物理知识面、发展创造力、培养良好的学习习惯为主要目的。学生的课外实验，一方面在一定程度上依靠自身的主动性和积极性，另一方面依靠知识的铺垫。因此，课外实验的成功率受这些因素的影响，教师在学生操作时要适当引导，不让学生过多地碰壁，以免打击其自信心。同时，教师也不可过多引导，使课外实验变成了课内实验，要让学生发现问题，在问题中接受挫折，在挫折中解决问题，从而总结经验教训。只有让学生在积极、自信心、成功和挫折中不断改进课外实验，优化课外实验，使以后的实验能够更完美地进行，才会增加学生学习的兴趣并使他们的实验技能得到更好的提升。

在教材中，物理实验有探究型、验证型、测量型等，这些实验具体又分为学生分组实验、教师演示实验、课外小实验等，不同的实验，教师需要采用不同的设计思路和理念。这些实验的不同角度所反应的问题蕴含着对学生知识拓展的一面，经过笔者的摸索研究，在知识拓展的时候，实验教学还要注意以下几点：

（1）对实验进行分类，有针对性地实施不同的实验方法。教材中有些实验控制的条件很苛刻或是实验现象不明显，在通常的条件下是不能完成或是观察到的。这样的实验可以利用PPT演示给学生看，并辅以一定的黑板板书演算，方能达到目的。对于连接电路这样的操作性极强的实验，可以让学生去完成，因为这类实验要控制的量容易掌握，学生也比较感兴趣，实验现象也比较明显，学生所获得的成就感较强。学生能够从中发现问题，在和同学讨论的过程中可以解决一部分问题，对于提高学生总体的实验能力有特别大的帮助。还有一些简单的实验，如探究声音的产生与传播、测量液体体积等，学生虽然觉得简单，操作也不困难，但其中的问题却不少，所有这类实验可以在课堂教学中进行。教师带着实验用具，与学生围在桌子边，边看边讨论边做，大家一起来，并不断地发现和解决问题。还有一些实验，可以让学生根据家庭情况，在家长的指导下在家里自制实验工具，并完成实验。成功的实验和优质的问题解决方案可以带到课堂里与同学们分享。

（2）教育学生正确对待实验误差。物理实验是一项十分严谨而又充满乐趣的实践活动。许多实验对器材、步骤、结果、过程要求非常严格，对实验误差的允许范围也要控制在一定程度之内。因而，教师在教学时除正确引导学生选择合理的器材、辅导学生进行实验操作外，还应该参与到学生的实验中。很多时候，教师可以以观察和提问的形式来促使学生加深记忆和熟练实验，鼓励学生大胆地解决问题，辩证地让学生进行实验和收集数据，允许学生在实验过程中犯错误、出现较大误差。唯有通过这些方式，实验才是真实的，误差也才是真实的。继而与学生一起讨论错误在哪、误差大的原因是什么等问题，以循序渐进的方式不断提高学生的实验综合能力。最终达到学生对实验产生兴趣，敢做实验，敢进行记录，敢于质问课本上的理论，树立学生不迷信权威，敢于挑战科学高峰的精神。

（3）让学生担任临时"教师"，体验教师的角色。这就是通常所说的微格教学。微格教学对80后、90后一代教师的影响极大。由于他们的教学思想比较开放，单一地进行自我反思很难发现自己教学的弊端。他们考虑到通常学生之间相互说的理论容易被接受。因而采用这种方式不仅可以提高学生的表达能力，还能活跃学生的思维，使学生间发现对方的不足，及时指出又能提高面对问题时的处理能力。物理实验教学可采取微格教学，但要做适当的可行性调整。首先要考虑哪部分的教学能够使用这种方式？哪些学生具备这种能力？他们能够讲到什么程度？应该让学生做适当的准备，如器材、讲义等，可在学生自己的朋友圈中进行演讲，让学生互相指正，以使微格教学最大限度地获得成功。通过微格教学进行一部分的教学，既能发现学生存在的问题，同时也能减少学生出现的问题，对教师的教学是一种有利的补充，在调动学生参与实验的兴趣和信心方面有其突出的作用。

（4）实践与创新结合。任何一个实验都有其特点，一味地照着书上做并不都能够成功。对实验进行适当的改进和创新，有时可以收到事半功倍的效果。例如，在"声音的产生"这个实验中，可以让学生在家里看电视时进行，在电视扬声器附近用手触摸便能感知振动，如若放一定量的纸屑便能观察到纸屑在振动，从而弄清声音是由物体振动产生的。再如在"凸透镜成像应用——照相机"的实验中，当物体靠近凸透镜时，像怎样变化？像距怎样变化？可让学生直接用手机进行实验，适当转换，既然物体不能动，我们就让凸透镜靠近景物时，当凸透镜靠近景物，像变大，物距变小，那么像距就变大，这样的实验既能获取知识，感受又比较深刻。

当然，有些实验按照书上的做可能又比较容易操作，实验现象也比较明显。但不管采用哪种方式，只要达到了教学的目的，学生的学习兴趣又得到了提高，都是值得的。所以，实验教学的实践和创新可以相互结合。

第三节　初中物理演示实验教学

一、演示实验的概念界定

演示实验是指在课堂上教师为配合课堂教学而对学生所做的表演性、示范性实验。在实际教学中，有时因操作的实际需要或为了调动学生的积极性，学生可以在教师的指导下动手操作演示实验。而封小超教授把演示实验定义为：在课堂上由教师操作，并通过教师的启发引导，帮助学生对实验进行观察思考，以达到一定教学目的的实验教学方式。可见教师被公认为物理演示实验的操作者，学生作为观众，接受教师通过实验传授物理知识和方法。物理演示实验从字面上可以理解为用来表演和展示的实验，表演者通常是物理教师，学生就是教师展示的对象，展示的内容就是实验的过程和结论。

一方面，因为演示实验的操作者基本都是物理教师，教师是带着某种教学目的进行实验的，其操作实验的能力也较好，因此实验的过程通常比较高效。另一方面，演示实验降低了物理实验对教学资源的要求。演示实验的方式是多样的，传统的方式是教师实验，学生在教师的引导和启发下观察实验现象，得出物理规律。随着技术的进步，演示实验的用具也不再局限于规定的实验器材，可以是实验视频、图片；计算机模拟实验展示某个物理模型也被认为是演示实验。演示实验的内容变得越来越丰富，形式不一。到目前来说，演示实验狭义依然是指物理教师操作，学生观察，得出物理规律或物理原理的实验。

综上所述，演示实验可以这样定义：演示实验是教师为了完成既定的教学目标，运用物理实验器材、物理模型或者多媒体等教学用具进行的表演示范性实验，在实验过程中包含了师生互动交流、学生对实验结果的预测、教师对学生能力的培养等，对实验的形式、实验的场所没有特定的要求。

二、演示实验的分类

（一）按照演示实验的操作时间进行分类

1. 导入演示实验

教师在正式教学之前采用演示实验的方式设置悬念来导入新课，称为导入演示实验。它设置在课堂教学进行的前十分钟左右，用来展示某个物理现象，尤其是能够对学生的认知产生冲击的实验现象，而教师只需要演示实验，不需要解释原因，以调动学生学习的积极性，因此导入演示实验可以有效地提高物理课堂教学的效果，如"大气压强存在"演示实验。

2. 随堂演示实验

随堂演示实验一般在正式教学过程中进行，目的是生动形象地解释某个物理规律或概念，帮助教师解决新授课的重难点部分。在演示实验的过程中，教师要使学生产生学习动机，启发和引导学生观察实验现象，总结实验规律，进一步得出实验结论，如"力的作用效果"演示实验。

3. 课后演示实验

课后演示实验是指教师在完成教学内容以后，为了使学生进一步理解某个物理规律或物理概念而进行的物理演示实验。学生在教师的启发和引导之下，观察现象，用已掌握的物理知识来解释实验现象产生的原因及影响因素等。教师还可以进一步启发学生深入思考，使已掌握的物理知识得到深化和拓展，为将来的物理学习奠定基础。

（二）按照演示实验的目的进行分类

1. 验证性演示实验

验证性演示实验通常是为了验证某一物理规律而设计的实验，通过实验的验证，能够加深学生对规律的理解和掌握。此实验通常在授课内容之后进行，也可能在随堂进行或课后进行，如"验证物体惯性的存在"演示实验。

2. 探究性演示实验

探究性演示实验通常是探究某一物理规律或其影响因素，验证猜想与假设是否合理的一类实验。此实验具有探索性，对学生的要求较高，对学生能力的培养是一种有效的途径，而探究性演示实验通常是由教师来操作，但是也可以由某个学生操作，其他学生观察，也可以培养学生的动手操作能力，虽然没有分组实验的效果好，但是效率更高，降低了对学生能力的要求，如"浮力产生的原因"演示实验。

3. 应用性演示实验

应用性演示实验是指教师指导学生熟悉基本的测量仪器的使用方法，并对一些基本的实验技能进行培养。在初中物理运动与相互作用教学过程中，应用性演示实验主要是弹簧测力计的使用方法。

三、演示实验在初中物理课堂中的地位和作用

《九年义务教育物理课程标准》中规定了初中的实验项目为103项，其中学生分组实验仅为35项，其余68项均为演示实验，可见演示实验在初中物理实验中所占比重之大。演示实验在物理课堂教学中决定了一节课的教学效果，帮助教师进行物理规律教学或者概念教学。人民教育出版社出版的八年级下册教科书第八章第一节中介绍牛顿第一定律时，利用演示实验引出阻力对物体运动的影响。很久之前人们都认为如果要使一个物体持续运动，就必须对它施加力的作用。尤其是伟大的哲学家亚里士多德也认为力是维持物体运动状态的原因，而伽利略利用斜面实验轻松地推翻了禁锢在人们脑海中的思想，有了实验的演示，物理规律不言而喻。即使到现在，如果没有学习牛顿第一定律，还会有人认为物体的运动需要力来维持。所以在教师进行牛顿第一定律教学时，如果把规律直接教授给学生，对于抽象思维能力不高的八年级学生来说理解起来可能会存在障碍。采用演示实验进行此规律教学，学生一定印象深刻。有了演示实验教学的物理课堂必然是生动形象的，必然是一节成功的物理课。

物理演示实验可以使学生形成认知冲突，激发学生学习物理知识的主观能动性。例如，在"瓶子吞鸡蛋和覆杯"实验中，对于教师来说，这些实验可能会很简单，不会感到好奇，但是对于大气压强的初学者来说，无疑会与学生认知产生冲突。在学习大气压之前，用纸板把盛满水的杯子盖住，再把杯子倒过来，大多数人都会认为杯子里的水会流出来，实则不然，这与学生的预测不同，学生会急于想要知道原因，此时教师进行大气压强的教学就能够引起学生的学习兴趣，达到很好

的教学效果。在新课正式开始之前的演示实验我们称之为导入演示实验，它是一种比较好的新课导入方式，一个简单的小实验就能调动起学生的学习兴趣。如果进行演示实验时，让更多的学生参与实验、营造更多的学生动手实践的机会，必然能够最大限度地调动学生学习的积极性，提高物理课堂效率。

演示实验可以将晦涩难懂的物理知识生动形象地展示出来。如果将物理规律和物理概念直接教授给学生，理解起来会存在困难。教师的作用是将教科书中的知识生动形象地呈现给学生，在此过程中穿插解决问题的方法，能够加强对学生能力的培养。没有实验的物理课堂必然显得呆板而枯燥，学生也只能强行记忆教科书中的内容；而演示实验由教师负责表演展示，学生负责观察和思考，教科书中没有生命力的知识点变得生动形象。因为是教师进行实验的操作，对学生的操作能力要求不高，不会使学生产生畏难情绪，所以演示实验对于物理初学者是比较合适的。利用课堂演示实验可以发现新知识，把抽象难理解的问题具体化、清晰化、明了化，让学生更加容易接受物理知识，同时提高学生的学习兴趣。

演示实验可以培养学生良好的科学素养。如果演示实验伴随着物理课堂，那么学生会意识到自己已经掌握的物理知识都是通过实验验证的，是真实可靠的。没有实验支撑的理论都是值得怀疑的，要想说明某个物理规律是正确的，必须有实验的验证。例如，亚里士多德认为重的物体总是比轻的物体下落得快。这一理论被绝大多数人所相信。直到伽利略做了实验才推翻了亚里士多德的理论。所以，在以后的学习甚至工作中，学生应该意识到，凡事都要通过实验证明，也就是说实践是检验真理的唯一标准，实践也就是实验。在演示实验的过程中，教师要保持客观严谨的态度，要严格按照实验的操作流程，遵守实验器材的使用方法，尽力做到一丝不苟。在实验结束以后，收拾整理好所有的实验仪器，放回原位。教师的一言一行都会影响学生，教师的实验态度决定了学生的态度。所以，一节物理演示实验课不仅仅是使学生学习了一些物理知识，更重要的是使学生学习物理方法、科学的实验方法，培养科学严谨的做事态度等，演示实验的教学也扮演着培养学生科学素养的重要角色。

四、国内演示实验教学现状

（一）实验室配备方面的现状

目前大部分学校都已配备了标准的物理实验室，尤其是城镇中学的实验设备更加完善。随着国家对教育的投入越来越大，各级学校的实验条件得到了明显改善，但是整体来说，大多数的初中物理实验室提供的实验器材只够用来完成教科书中设置的实验；而教科书设置的实验数量和实验方案也十分有限，所以教师在进行演示实验教学时，有时无法做到有的放矢。由此可见，对农村中学来说，即使只完成教科书中的演示实验也会存在困难。

不同地区的学校建设实验室的进程也各不相同。条件好的学校实验室的建设比较完善，而农村地区的学校建设实验室要相对迟缓。由于城镇地区物理实验室建设时间比较久远，教师对实验室的器材已经非常熟悉，因此在进行演示实验教学时可能会陷入一种疲惫状态，没有热情，教师在演示实验教学上没有用心，当然也不会达到良好的教学效果。农村地区学校的物理教师和学生对刚完善的物理实验室充满好奇，对他们来说，物理实验具有新鲜感，对物理实验富有热情，教师在进行演示实验教学时会表现得比较积极，学生也会主动配合教师的教学活动，因此，目前演示实验的教学在农村中学进行得如火如荼，而城镇中学的演示实验教学要相对冷清。

中学物理实验室建设是物理课程改革中实验教学的重要环节。既然实验教学越来越受到重视，那么实验室就应该经常更新，实验室的器材不能还是几十年前的设备。时代在发展，物理实验室的器材也需要经常更换和升级，让教师和学生始终对物理实验室充满新奇感，让实验室的器材紧跟时代发展的步伐。另外，实验室还要做到及时管理和维护，确保每次的演示实验课都能高质量地完成。

（二）教师实验能力方面的现状

制约我国演示实验教学发展的另一大因素就是教师自身的实验能力。由于演示实验教学发展缓慢，虽被重视，但开展状况仍不理想。教师长期很少自己动手做实验，那么实验能力自然会下降，久而久之会形成恶性循环。教师也会在演示实验时产生畏难情绪，担心实验失败。教师做的实验越少，这种畏难情绪就会越强烈。

部分学校物理实验室设备不全，可能会存在教科书中设置的实验无法开展的情况，而这些实验有时又不得不做，这就需要教师在原来实验方案的基础上，在学校实验室的条件下对实验进行改良，使之更加符合当地学校的现实状况。这对教师来说是一项艰巨的任务，也对教师的动手动脑能力提出了更高的要求。也就是说，教师需要提升自己的实验优化和开发能力，才能有助于演示实验的有效开展。

教育部门和学校包括教师都已经意识到演示实验对教学的作用、对学生能力培养的重要性，但还只是停留在意识层面，并没有付诸实际行动。教师的实验能力和实验思想有待提升，教育主管部门也需要担负起自己的指导和监督职责。

（三）升学压力的现状

当提及阻碍初中物理课堂演示实验开展的最大原因时，绝大多数的学生和教师都会认为是升学压力。毋庸置疑，初中的升学压力充斥着初中课堂的每一个环节，物理演示实验教学也不例外。初中课堂教学中，物理的课时安排是有限的，在有限的课时要求内，还要保证升学率，对教师产生了巨大的压力，教师不得不更多考虑学生的考试成绩。演示实验看起来对学生的成绩贡献不大，升学考试对学生实验能力的考查所占比重也较小，因此，利用课堂时间来进行演示实验的教学好像有些得不偿失。在现实的课堂教学过程中，大多数教师会尽量压缩实验时间用于新课和习题教学，当然也会牺牲演示实验的教学时间。

（四）实验的优化和开发状况分析

学校实验室的条件有限或者教科书中实验的设置存在不合理之处，很多物理教师会在原来实验的基础上进行优化，使之符合学生的观察和理解能力，或者更具有可行性和科学性，同时兼具可操作性。另一方面，教科书对于一些物理规律和物理现象缺乏实验的设置，物理教师会基于生活经验开发出一些有趣的小实验，丰富学生对该物理规律的感性认识。例如，利用激光笔开发的微小形变的演示实验中，教师利用光杠杆的作用，对形变进行两次放大。演示的效果非常明显，所需实验器材十分简单，而且易于取得。再如，影响压力作用效果因素的实验中，用气球代替课本中的沙子，用钉了钉子的木板代替小桌子，用作业本代替重物来改变压力大小，通过观察气球的爆炸情况来反映压力的作用效果。

（五）实验方案对学生的吸引力不够

不同版本的教科书，在同一个实验的设计上基本相同，采用同样的实验方法，多年来都未曾改变。随着社会的发展，现在的学生见多识广，所以许多实验的设计对学生来说已经没有吸引力，对实验现象及实验过程并不会好奇，想用实验来激发学生学习积极性的目的很难实现。因此，实验效果也会大打折扣，花费了时间，没有达到预期的教学目的，这是得不偿失的。所以在教科书编写时，应该适当地更新实验方案，采用新颖的实验方法或者更为先进的实验仪器，以提升实验对学生的吸引力。

课程标准是教师在进行课堂教学时的指导性文件，教师要按照课程标准的要求开展教学，在实验教学方面亦是如此。但是教师在上课时都是以教科书为主要参考的，虽然课程标准对一些实验做了明确要求，但是教科书在编写时并没有与之完全契合，有些实验并没有按照课程标准的要求进行设计，比如浮力产生的原因、功的原理、保险丝的作用等。教科书中没有实验的具体实施方案，教师可能也不会想到如何进行实验教学。各版本的教科书在编写时都应该严格按照课程标准的实施建议，设置合理的、操作性强的实验方案。同时也建议教科书的编写者们，不同版本的教科书采用不同的实验方案，针对教科书的使用对象进行有效的设计，让教师在课堂教学时能够有发挥的余地。

演示实验教学中教师扮演着重要角色，演示实验的结果通常取决于教师的实验能力。通过与部分教师交流了解到，有些演示实验虽然在本校是可以完成的，但是要耗费较多的课堂时间，实验的效率偏低，部分物理教师的实验能力有待提升。成功的演示实验依赖于物理教师的实验素养和物理教师对待演示实验的态度。另一方面就是学校的演示实验器材有限，很难完成教科书中设置的全部演示实验，而有些教师也能够想到对教科书中的演示实验进行优化，但是苦于缺乏理论指导，也没有太多精力对演示实验进行优化，可谓是有心无力。

要想促进初中演示实验教学，解决目前存在的障碍，在提高教育投入的同时，提升教师的演示实验的能力是必要的。作为学校，可以将物理教师的实验能力作为一项工作考核标准，督促教师在演示实验方面进行自我提升；借鉴其他学校演示实验方面的优秀成果，增强与其他学校的沟通交流。另外，教育主管部门可以适时开展一些物理教师实验能力的竞赛，激发教师对演示实验教学的积极性，同时要加强对教师实验能力的培养，为教师提供理论指导。

第四节　初中物理科学探究实验教学

教学设计是沟通教学研究与教学实践的桥梁，好的科学探究实验教学设计能够有效提高学生的学习质量，培养科学素养，从教学设计的一般要素出发，分析科学探究实验中几个关键要素的设计，找到适合科学探究实验教学的方法策略。

一、教学设计包含一般要素

教学设计具有不同的教学模式和设计特征要素，图4-1是教学设计的一般模式，其中，通过形成性评价和总结性评价可以对教学设计进行修改完善，提高教学设计的质量。

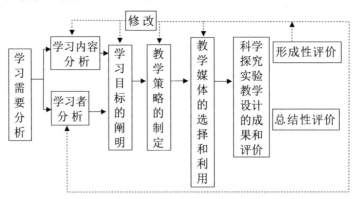

图4-1　教学设计的一般模式

学习需要分析是教学设计中对问题进行了解，分析事物的特点并进行解决问题的过程，即"为什么教"。通过分析教学设计的必要性和可行性，确定教学问题的性质并收集大量的资料和可靠的数据，针对问题发现对应的解决方法，以此来增强教学设计的效果。

学习内容由学科教师利用一定的方法以学习需要为基础，了解教学时需要教授的具体内容和符合学习者不同阶段需要学习的内容。确定学习者需要学习内容的深度和广度，阐述清楚学习者需要学习的知识、技能、行为，使学习内容具备系统性和整体性。

教师依据一定的教育心理学理论知识，了解学生已经具备的基础知识、学习风格、学生的学习准备状态等方面的情况，为后面教学目标的确定、教学内容的选择和组织、教学活动的安排、教学策略的采用等提供科学的依据。

对学习内容进行分析可以知道教学需要让学生掌握的知识和技能，从教学目标的知识、能力、方法等目标维度，来阐明学生在教学活动中需要达到的学习结果，使教学工作标准具体化，为之后制订具体教学策略及开展教学评价工作提供依据。

教学策略从教学目标出发，考虑教学条件和教师的能力，设计符合学生身心发展的系统教学策略方法，充分体现学生的认知主体作用。教学媒体是教学内容的表现形式，由认知负荷理论可知，教学媒体的设备要丰富、能满足学生对资源探究的需求，同时在呈现方式上又要符合学生知识体系的有效构建。教学的资源有：教材、课件、教学案例等；教室资源，教具如黑板、实验展物台、投影仪、实验仪器等；实验室的教学环境如室内光照程度、室内温度等。

科学探究实验的评价对象是实验者（学生），评价人是观察者（可以是老师，也可以是同组学生或者实验者自己）。教师编制测量量表对学生进行评价，反馈信息，总结分析学生较弱方面，能够在之后的教学中对不同差异的学生进行一对一针对性地辅导。

二、科学探究教学设计中的几个关键要素分析

（一）教学目标分析

义务教育物理中的科学课程将提高每个学生的科学素养作为总目标。由认知负荷理论可知，优化、有结构性的教学设计能够帮助教师明确教学方向，帮助学生高效建立知识体系，在科学探究实验设计中

的目标设计如下：

学生是探究的主体，探究目标要以学生视角进行编排，教学目标可根据维度分为认知性行为、技能型目标行为和体验性目标行为。本节根据课程标准和科学探究实验的特点将学习目标细化为四个维度，即知识目标、能力目标、方法目标、情感目标。对探究目标做到细化能够有助于教学内容的编写，利用探究目标来设计探究实验的过程，可以使科学探究教学的流程更加具有科学性、更合理化。探究目标的要求同时可以作为教学评价的参考依据来对学生探究能力是否提高、探究目标是否实现进行评价。

（二）探究目标遵循的原则

在紧扣课程标准所提出的目标方向下，初中物理科学探究实验教学设计的探究目标要遵循以下原则：

1. 目标要具体化

教学目标要细化到每一步操作的要求，判断学生是否达到每一个目标，可以在科学探究实验过程中设计一些问题让学生作答，进行评价。这样可以适配探究实验的每一个评价指标来进行教学评价，也可以根据教学设计中具体的探究目标反过来修改评价方案，将教学与评价互相融入，使科学探究与科学探究评价成为一种动态的互动关系。

2. 以培养科学素养为宗旨

科学教育旨在培养每一个学生的科学素养。不同学生的科学素养的培养程度都是不同的，科学探究教给学生的知识与方法都是用来解决日常生活中的各种问题，只是解决的方法因科学素养不同而不同，都是与生活息息相关的。科学探究实验是发展学生各方面能力的重要方式，设定与科学素养适配的科学探究要求是探究目标的宗旨。

有效的外部刺激能使学生在学习开始的状态就指向对应的探究目标。初中学生的意志力不强，探究的全程中都要经历探究动机被不断激发的过程，合适的探究素材和教学方法使得学生在探究过程中获得成就感，使学生保持探究学习的原动力。在教学设计中，语言要具有启发性，在探究学习过程中，学生积极的学习情绪、教师的鼓励性话语和同伴的帮助是使个体掌握自我效能感和维持探究动机有持久力的因素。

三、教学策略的制定

(一) 科学探究实验的教学策略

教师在教学过程中采取的相对具有系统性的行为叫教学策略。由建构主义学习理论可知,发挥学生的主体作用需要利用有针对性的教学策略,科学探究实验中主要的教学策略包括以下三种教学策略:

1. 问题解决的教学策略

问题解决的教学策略是指学生对于面临的问题没有具体的解决方法时,把目前情境转化为目标任务,由思考和交流讨论等形式对问题进行猜想、求解和应用等过程,培养学生处理信息、团结合作能力的一种教学策略。物理科学探究实验的设计可以以问题为引导,带领学生在解决问题的过程中建构知识体系。

2. 先行组织者教学策略

先行组织者是指安排在学习任务之前呈现给学习者的引导性材料,安排在学生学习任务之前提供给学习者的,它比学习任务具有更高的抽象性。提供先行组织者的目的就是利用先前学过的材料去解释、融合和联系当前学习任务中的材料。

3. 支架式教学策略

支架式教学策略是指按照学生智力的"最邻近发展区"建立的提供连接学生原有认知和新认知之间的材料,通过"脚手架"的形式提高学生解决问题的水平,逐渐构建起知识体系的教学策略。

(二) 科学运用物理科学方法

学生在探究实验的过程中会遇到各种各样的问题,如果不知道解决办法,实验很难进行下去。在科学探究实验的设计中向学生渗透一些基本的物理思想方法和物理研究方法,是培养学生有效解决问题的重要途径。

1. 控制变量法

改变其中一个因素,其他因素保持不变,研究这一物理量和其他物理量之间的关系的研究方法叫控制变量法。学生要善于思考并发现问题,寻找可能会影响某物理量的因素,如环境温度,保证排除其他无关变量,提高实验的科学性。

2. 类比法

类比法是推测类似的事物具有相同属性的推理方法。

3. 等效替代法

等效替代法是将复杂的物理问题和过程转化为简单的、有同样效果的过程来研究和处理的方法。

4. 转换法

物理学中用直观的现象或物理量来间接测量那些不易直接观察的现象或不易直接测量的物理量的方法叫转换法。

5. 放大法

放大法是指将不容易观察的实验现象通过一些方式进行放大再进行研究的一种方法。

6. 图像法

图像法是利用数字语言工具描绘图像，通过图像来分析现象规律的方法。

7. 提示法

把猜想总结为假设的过程中，不能直接告诉学生实验的方法，提示法是有效连接问题与解决方法的桥梁，通过提示的内容学生能自主地找到解决办法，建立学生的自信心。

8. 排除法

培养学生找到并排除无关变量能力，培养物理科学探究思维。例如，探究串联电路中电流规律中，可讨论以下问题以排除无关变量：在测量过程中，灯泡的位置不同是否会对电流表的测量产生影响？测量过程中电量不断被消耗，后面测量的数据是否会受到电量减少的影响？换用不同规格的灯泡是否都会影响电流大小？

（三）科学探究实验的教学过程设计

科学探究的过程强调探究技能和科学方法的获得、探究思维的培养。科学探究包括提出问题、猜想与假设、制定计划与设计实验、进行实验与收集证据、分析与论证、评估，以及交流与合作七个要素。科学探究过程设计可以以问题为引导，通过提供指导性材料进行教学。探究过程中各要素需环环相扣，有启发性地带领学生逐步地解开问题，将碎片化的知识进行重新构建，使学生通过实验学习到系统的探究思想，建立知识体系。

1. 提出问题

学习的过程就是不断解决问题的过程。在探究实验的过程中，问题的提出者根据实验特点提出具有探究性的问题。在科学探究实验材料中，教师可以通过介绍背景直接提问，由学生作答，或由教师在课堂上通过对话讨论、实物展示、图文结合、音频视频放映等方式提出问题。

2. 猜想与假设

学生尽可能地思考所探究的问题，但猜想不能凭空而来，要有一定的依据。此时学生的思维处于活跃、发散的状态，如何找到解决问题的有效办法，就需要教师在学生已经明确问题方向的前提下进行引导筛选，可以用到的方法有两种：一是归纳演绎法。归纳法将一般推理为特殊，演绎法将特殊演化成一般。例如，学生在做"串联电路中电流的特点"实验时，有"串联电路中的电流是正极到负极逐渐变小"和"相同规格灯泡从正极到负极逐渐变暗"两种猜想，这两个猜想的实质是一样的，这就需要教师使用归纳法引导学生明白灯泡亮度与电流的关系，通过这两种方法可以将相同的猜想进行归类。二是类比法，在"电流与电路"一课中将电流比作水流，利用类比法可以找到比较合理的猜想。猜想与假设过程中教师不能否定学生错误的猜想，而是要利用方法引导其到探究目标的方向上。在教师的指导下，学生应充分发挥主体性，将之前讨论时的思路进行规整形成假设，为下一步制定计划打好基础。

3. 制订计划与设计实验

实验的设计包括确定探究的步骤和材料的选取两部分内容。制订计划的过程中学生会遇到很大的阻碍，从什么地方开始、选择什么材料测量等问题会出现，教学设计中具有逻辑性的提问方式和素材展示能使学生继续保持探究的积极性，不会使探究思维脱节。

4. 进行实验与收集数据

学生按照自己设计的实验步骤选择实验仪器进行操作，教师观察记录学生在实验过程中对实验仪器安全操作的水平、实验数据读取的正误等。本阶段培养学生观察能力和实验动手能力，尤其是面对实验过程中的突发状况的应对方法和态度。

5. 分析与论证

学生依据实验过程中观察到的现象和收集的数据，应用分析、讨论、归纳、总结等科学思维的方法得出具有规律性的结论。将整个科学探究实验的成果进行归纳总结，让学生体验到知识获得的过程。

6. 评估

评估是科学探究中的重要环节，好的评估能启发学生思维，帮助学生认识实验设计的不合理之处，找到改进实验的方法，从而更加完善实验探究。例如，学生在做"探究水沸腾时温度的变化规律"实验时，火焰的不稳定性可能会对烧杯中水随时间的温度变化产生影响，从而影响实验结果。因此我们在最后评估时可以提出在灯芯中加入细铜丝（保证火焰不晃动）的解决方案，排除干扰项，完善探究实验的步骤，同时使实验更具有科学性。其他评估方面，例如，如果实验数据与预测有偏差，思考为什么会出现这种情况？是什么导致电路中产生了误差？

7. 交流与合作

交流与合作是探究实验中非常重要的一项探究内容。每一位学生的探究思维与探究经历都是不同的，教师与学生一起进行交流合作，反馈信息，可以学习到除了知识规律以外的很多东西。经验与感想的交流有助于学生知道今后在实验过程中遇到同样的问题时如何解决，提升学生对于物理科学探究实验的好感度和自信心，有助于学生将学到的知识进行应用和拓展，能够更好地举一反三、启发思维，在解决问题的过程中发现新问题。

（四）科学探究实验教学过程设计的原则

1. 目标导向性原则

教学目标科学探究实验设计的出发点，具体到每个探究实验过程的每一环节都要有明确的目标，依据课标要求设计详细的探究目标，为教学实践做引导。科学探究实验的目的性要求培养学生在知识、能力、方法、情感四个方面的科学探究能力，只要教学设计具有了目的性，教学便具有意义。

2. 问题引导性原则

科学探究实验的设计要通过问题引导学生逐步进行探究，在教学过程中通过问题进入情境，在探究过程中也通过问题启发思维，问题要贯穿整个教学设计，难度不能太大，要通俗易懂，把握重点。以问题为引导的教学设计中，学生可以在教师的引导下和引导性材料的帮助下逐渐解开疑惑，获得新知与发展科学思维。

3. 体现差异性原则

学生的成长因家庭环境、教育基础等方面的不同会导致学生产生不同的兴趣方向和认知水平，在初中物理科学探究实验教学过程设计中要尊重每个学生差异性，遵循因材施教的教学原则。在探究实验的设计过程中注重营造一个自由、轻松的学习环境，探究实验过程的设计需具有层次性，由易到难，允许每一位学生根据自己的具体认知水平进行探究，让其得到自主充分的发展。

4. 尊重主体性原则

"以学生为主体"是基础教育课程改革纲要的要求，即尊重学生的发展需要，尊重学生的心理活动、学生的主体发展、学生的主观能动性。教学设计过程的编排需要考虑学生的个性发展，学生在教学设计的指导下能够自主地进行实验探究，在思维方面自主重组和构建认知结构，进行有意义的学习。

四、问题与建议

在实验过程中，40～50分钟的时间只够学生用来做探究实验，这就使得课后教师收到的探究学习指导书比较少，一般是小组讨论写一份指导书上交，教师可以用来参考的指导书很少，评价工作不好开展。

科学探究实验的观察评价要顾及每一个学生，这就需要指导教师比较多，但目前的条件不能满足每一位学生都被观察评价，这是需要解决的问题。大部分学生已经习惯教师给出答案而不是自己动脑思考，有些学生不积极探究，学生"等答案"的现象比较明显。

为更好地开展科学探究实验，笔者提出以下几点建议：初中物理科学探究实验设计前教师需要了解已有的实验仪器，切合学校具体实际情况，利用多方资源整合进行设计；教师要权衡好教学目标，能够针对具体的实验进行分析，细化每一个维度目标的具体内容，做到详细不笼统；教学设计的编排要具有逻辑性，能够不断启发学生思维，具有目的性和驱动性，以提高教学实践的效率。

物理科学探究实验同样要注重高效性，学生自主的科学探究实验教学过程需要的时间比较长，教师可以根据实验的特点安排实验的时间，例如，将两位物理教师的两节实验课合起来让学生进行探究，这样才能有弹性地进行探究教学。在探究实验的过程当中，要充分尊重学生的想法，有些学生的想法比较奇特，千万不要因为想法与教师的思路不同就否定学生提出的实验方案。对于可以实行的方案，教师可以鼓励学生进行探究，并给予指导。有些学生的探究能力较弱，教师可以在课堂上适当减少其探究任务，让这类学生能逐步学会探究的方法。交流与合作是最重要的环节，教师要在探究实验中应着重引导学生进行表达与交流，留更多的时间锻炼学生表达想法和交流合作的能力。

科学探究实验的实施一定要坚持，培养学生善于探究的习惯，这样学生在学习中才会明显发现自己的进步。教师的专业素养会影响教学设计的质量，同时也会影响教学过程中的指导效果。因此，教师要不断学习专业知识，借鉴优秀的教学方法，不断拓展自己的知识视野，为更好地进行物理探究教学发挥一定作用。

第五节　微课在初中物理实验教学中的应用

一、微课的概念

随着时间的变化，学者们对微课的研究不断深入，国内外的学者们对此都有着不同的见解，并没有一个统一定义。

在国外，微课的概念是由美国新墨西哥州圣胡安学院的 David Penrose 在 2008 年秋首创的。他认为微课是罗列课堂教学中试图传递的核心概念，写出一个 15～30 秒的介绍和总结，然后录制内容视频或者音频，时长为 1～3 分钟，在内容的最后还要设计进一步促进学生探索或阅读的课后内容，把教学视频或课程任务最后上传至课程管理系统。

国内最早提出微课概念的是胡铁生老师，他指出微课全称微型视频网络课程，这种课程形式依托的载体是视频，主要内容是某个学科知识点，或者是教学环节，具有情景化、微型化的特征，以供学生在线进行学习。

通过网络搜索微课可知，微课指的是根据新课程标准展开，并充分与教师自身教学实践相结合，通过多媒体的展现形式，对相关的学科知识点进行记录。

以上对微课的定义，都围绕针对某个知识点、以视频为载体这两个核心概念。与传统的课程相比，微课着重体现在了这个"微"字，内容微、时间微，支持各种学习方式，用精心的教学设计使学生达到最佳的学习效果。

二、微课导学

微课导学的教学模式是将微课和导学案联系在一起的一种新的教学模式。微课通过导学案能够真正起到导学的作用，能够培养锻炼学生的自主探究能力和自主实践意识。所以微课导学这个教学方式适用于操作性较强的课堂，如理科的实验课、美术课、音乐课等。微课导学的教学模式首先要求教师要做好课前准备工作，分析学情、分析教材，在此基础上对重难点制作微课视频和相应的导学案。在初中物理实验课上使用这种教学模式，相比传统实验课堂教学具有很多优势，如趣味性强。用微课这种新颖的教学形式导入新课，能非常形象地展示一些抽象不易理解的物理实验，可以很快吸引初中生学习物理的兴趣，在后面能更积极地参与到微课导学的活动中。

（一）提高学习效率

教师在微课导学的模式下，不用再花大量时间口述新课内容，可以留给学生更多可以思考问题的时间。视频与纸质的结合，有助于化解疑难，让学生更容易接受新的知识。每个微课的内容都只是针对某个知识点的，导学案的连接让知识不再碎片化，重难点得到加强巩固。

（二）互动性强

在物理实验课上，教师将实验的关键步骤用微课的形式呈现出来，全班学生都可以清晰地看到以此作为参考，给学生留有更多的时间亲手完成实验。导学案的辅助可以引导学生实验，小组之间也有沟通交流的时间，比较困难的问题教师也可以帮助解决。

微课导学能加强初中物理实验的教学资源。网络上有很多的视频资源，如物理科学家的故事、没有条件完成的物理实验、物理仪器的使用方法、组装物理实验器材的步骤等。教师可以根据实验课的需要，下载视频资源，也可以将自己拍摄的微课视频上传到网络上进行分享。

微课导学这种新型的教学模式，能很巧妙地把"教"和"学"结合起来，开拓学生的视野，激发学生的探索欲，有助于提高学生的学习兴趣。微课与导学案配合，让微课知识不再碎片化，导学案也能更大程度发挥引导的作用，还体现了新课程的基本理念，提倡教学方式多样化，注重科学探究。

三、微课教学的理论基础

（一）建构主义学习理论

建构主义学习理论来自儿童认知发展的理论，由于个体认知发展与学习过程紧密相连，所以利用建构主义可以说明人类学习发展过程的认知规律。该理论指出，人的知识获取并非教师教授的，而是处于相应的文化背景下，人利用一些必要的学习资料，通过意义建构的方法而得到的。基于这一认识，建议人们在教师的指引下，在学习过程中秉承以人为中心的原则，就是既承认学习者是认知主体，又不能忽略教师的引导作用，教师是知识的引导者，而不是传输者。学生是知识接受的主体，而不是知识被动的接受者和被传输者。

当今计算机网络技术可以促成建构主义学习理论的环境。微课导学应用在初中物理实验教学中正是为了提高学生的自主探究能力。建构主义学习理论强调以学生为主体，使学生主动思考、自主学习，学习好此理论可以指导本研究。

（二）布鲁纳的认知学习理论

布鲁纳的认知学习理论，表明学习是一个认知过程，认知过程是学生主动形成的。这个理论建立在对学习行为进行研究的基础之上，认为认知是抽象思维上的认知。其基本观点包括下述三点：从过程上来看，学习主要是主动去构建相应的认知结构；强调了学科基本构架的学习；由主动发现而形成认知结构。布鲁纳总结发现学习的作用有：提高智慧的潜力；使外来动因变成内在动机；学会发现；帮助保持记忆。所以，认知发现说是非常值得重视的学习理论。该理论着重强调了学习的主动性，以及已有的认知结构，内容的结构，学生独立思考问题的重要作用。

微课和导学案的结合，让学生在观看微课视频的时候，能够主动地去学习，导学案不仅起着引导作用，也可帮助学习者对学到的知识保持记忆，导学案根据微课精心设计的问题和习题，能够培养学生独立思考解决问题的能力。

课堂演示实验在八年级物理课堂上扮演着很重要的角色。所谓演示实验，就是教师用演示的方法在课堂上给学生进行实验，教师一步一步进行操作，边操作边讲解实验原理及注意事项，学生认真观察如何安装实验装置，认真观察实验现象，和教师一起收集记录实验数据，再进行数据处理。课堂演示实验具有示范性和直观性，通过演示实验可以让学生接受新的知识，还能掌握正确的实验操作过程，为以后学生独立做分组实验打下基础。八年级的学生刚刚接触一门新的课程，课堂演示实验能够激发学生学习物理的兴趣，增强其求知欲望；同时也能利用演示实验的现象和数据帮助学生接受新知识、理解抽象概念；观看教师严谨有序的实验步骤，也能让学生体会到对待科学的严谨态度。

学生分组实验是在教师的引导下，全班学生在物理实验室利用整节课的时间完成某个实验。第一，学生要清楚知道实验的名称以及内容和目标；第二，对实验将涉及的原理和方法有所知晓；第三，知道需要哪些器材，如何组装；第四，设计好实验步骤，明确每一步具体做什么；第五，设计好表格记录实验数据；第六，明确实验数据如何处理。在整个分组实验过程中，能够培养学生的合作探究能力、动手操作能力、数据收集能力、归纳分析能力。通过此种类型实验，学生不但可以掌握物理规律、知识难点，还可以锻炼实验技能。教师在实验课中要充分发挥引导作用，抽适当的时间讲解实验的关键问题和安全注意事项，认真巡查学生实验操作的过程，发现实验中存在的问题时要耐心指导，启发学生自己排除实验故障。

四、优势与需求分析

（一）迎合学生需求

通过调查数据发现，绝大部分中学生拥有自己的手机或平板电脑。信息技术的发展日新月异，中学生对移动终端设备的热情也高涨不退，随着手机及平板电脑在中学生群体中的广泛使用，中学生已经具备了学习微课的基本操作能力。微课顺应中学生兴趣，满足其成长发展过程中对新事物进行运用的需求。中学生处于青春期，情绪的不稳定性会影响其对课堂知识的吸收率，也容易因为偏见而产生厌学情绪。微课具有文字、图片、声音、动画等多样的呈现形式，帮助提升学生的学习兴趣的同时，还可以有效避免外界环境对其学习情绪的刺激。

（二）提升学习兴趣

调查显示大部分学生喜欢上物理实验课，且更喜欢视频教学，而部分地区、学校由于教学条件的缺失，使得学生几乎不能实际体验实验课的操作，对实验的过程及现象的了解全凭想象，从而影响学生对物理实验课程的学习积极性以及对科学的认知。出生于21世纪的学习者对数字化产品充满好奇与兴趣，对家庭普及的移动智能终端更是爱不释手，这些多媒体信息技术所带来的视觉冲击、听觉刺激和多种感官体验早已使学习者的感官变得挑剔，甚至对以文字为主的书本产生了厌倦情绪。微课以视频、动画等多种方式形象地表示教学内容，可以展现实验的真实情况，弥补学生的学习体验，同时增强课程的趣味性。

（三）培养学习习惯

调查问卷显示，现代不少学生对学习具有抵触心理，不愿意主动学习，没有课前预习的习惯。在物理实验课堂上遇到问题时，大部分同学习惯性地依赖于老师或同学。由于互联网的发展，学习资源多种多样，学习的选择权将真正掌握在学习者手中，教育正经历着从学校教育到终身教育的转型。因此，培养自主学习意识和自学能力，关乎学生未来的发展。教师采用微课辅助物理课堂教学，以生动的视频代替枯燥的文字和干涩的语言，用学生喜欢的方式安排学生学习课程，可以帮助学生养成有问题自己思考、自己寻找答案的自主学习习惯。使用微课，把学习变成学习者自身的事，让学习者依据自身的兴趣和爱好主动探索知识，不仅可以有效地实现个性化发展，还能促进个体价值的最大限度发挥。

（四）改善课堂秩序

中学生具有很强的好奇心，遇事容易冲动，拥有活跃的思想。物理实验课是符合中学生探索未知事物欲望的课程，应满足学生的学习需求，但课程不能因此陷于混乱的秩序中，教师应及时给予学生正确的指引。微课教学能实现一对一的教学效果，帮助解决学生在课堂上因为空间距离或周围声音干扰而听不清教师讲解的问题；同时，微课具有重复播放的功能，当学生忘记实验的具体步骤时，可以通过微课提示继续实验。在物理实验课程中使用微课，缓解了课堂嘈杂的同时，还帮助改善课堂秩序难以管理的状况。

（五）解放教师劳动

即便是教师喊得声嘶力竭，在物理实验课堂上还是有很多的学生听不清教师的话语，这极大降低了教师教学的效率，给教师带来了不小的教学压力。传统的教育是教师不断地向学习者传授已知的事实、规则、定理，不仅花费了教师大量的时间，也影响了学生的学习兴趣。将微课应用于物理实验课程中，可以实现教学资源的重复使用，提高教师时间的应用效率，解放教师的部分时间，还可以减少课堂上教师重复教学的精力消耗。

五、教学与内容分析

（一）教学目标

知识目标：学生学会正确使用温度计、酒精灯等实验器材；通过观察水沸腾时的温度变化，得出沸腾与温度的关系，观察沸腾时的物理现象，总结出沸腾现象的特点，学会蒸发和沸腾的联系和区别；学习沸点的概念，并理解不同的液体有不同的沸点。能力目标：培养学生动手进行实验操作的实践能力，增强学生对物理实验现象的观察能力，培养对实验现象的归纳、总结能力，掌握对本次课程需要的实验能力以及培养学生的自主学习能力。情感态度价值观：提升学生对物理实验课程的学习兴趣；培养学生探索自然现象的兴趣；增强学生对小组合作分工的意识。

（二）学习者特征

初中的物理课程开始于八年级，处于这个年级的学生正处于朝气蓬勃的青春期，思维活跃，对未知事物充满好奇和探索欲，喜欢且敢于尝试，并具有超强的模仿能力和动手能力。物理课程是一门操作性较强的学科，需要学生不断地探索和实践，以习得真实的物理知识，与该阶段学生的特征正好完美贴合。同时，处于这个阶段的学生，情感态度价值观都还在形成阶段，急需得到外界的认可，具有较强的表现欲。抓住学生的这些特性，教师可以采取鼓励尝试的探究式学习方法，加以适当的引导，让学生自己发现物理课程的知识和规律，在迎合学生对未知事物的好奇心与探索欲的同时，又满足了学生自我价值认可的需求，进一步培养学生对物理课程学习的兴趣和信心。

学生首次进入实验室，亲自动手实验探究水沸腾与温度的关系。这是一群对实验器材了解不多却又有着不怕尝试具有冒进精神的中学生，不同以往教学中教师在讲台上演示，他们首次进入实验室，实验过程会存在很多安全隐患。为确保这次探究性学习的顺利开展，学生需要在课前自主完成预习任务，掌握不同实验器材的用法和在本次实验中的使用顺序，熟记实验步骤及注意事项。学生此前经常观察教师在课堂上进行物理实验，共同探索物理知识，对物理实验不陌生；通过课前微课预习和检测，学生对实验器材和实验过程也有了一定的了解，也对自己掌握主动权的实验课程跃跃欲试；当学生在实验过程中获得了感官上极大的满足，继而对身边的其他事物产生强烈的探索欲时，可能发生滥用实验器材（如温度计、酒精灯等）、不规范操作等事情，如何在平复学生激动心情的同时维护好课堂秩序，给教师管理课堂增加了难度。

（三）教学思路

"研究水沸腾实验"是学生首次亲手操作实验器材的实验，在教学过程中，教师应注重学生的学习体验，严格遵循"学生为主，教师为辅"的原则，维护学生的主体地位，教师只起到引导的作用。其中，教师的角色表现为以下几种：导演、编辑和演员；管理者和组织者；引导者或服务员；观众或观察员；鉴赏家或评价员；消防员。尤其是在具有危险性的实验课堂上，教师应注意整个实验室，除了调动学习气氛，关注各个小组实验的安全外，还要随时准备解答学生的疑难，引导学生完成学习目标。

先于教学的是微课以及课后测试的准备，教师在教学过程中的实际作用不是讲授，但对教学内容的讲授存在于微课视频中。整堂课的教学过程按时间顺序分为三个阶段：预习理论知识、动手操作实验、课后复习与拓展。其中，微课的使用贯穿整个学习过程，在预习阶段作为课程的内容展示，在实验过程中作为背景提示，在课后作为拓展材料供自主查阅。微课的使用，高效地运用了教师有限的时间，为教师更有效地管理课堂腾出了时间和精力。

（四）教学策略

1. 自主学习

教学过程中教师只起到辅助和引导作用，学习者被赋予自行寻找和解决问题的任务，尤其在预习和复习的学习阶段，学习者需要自主完成学习、检测与探索。为确保在使用网络学习的过程中不被繁杂的信息打扰，学校提供了专有的学习资源平台，然而，影响学习成果的关键还是学生积极向上的学习心态和独立自主的意识。

2. 合作学习

为了确保课堂秩序和实验过程的安全性，课程按成绩高低平均搭配的原则，成立3~4人的学习小组，推荐一位小组负责人，对实验进行分工合作，成员间互相督促规范，合理地进行实验操作，学习上形成你追我赶、互相帮助、知识分享的学习氛围，在完成规定学习任务的同时，培养学生团队合作、同伴互助的意识。

3. 探究式学习

教师通过提出学习任务给学生一个探索的方向，学生凭借给出的平台和工具，独立学习、实践、观察、思考进而发现更深层次的问题，再经过调查、收集信息，积极与同伴分享和交流，探索问题的答案。在这个过程中，学习由传输式的被动学习变为积极的主动探索，使知识更加深刻，学生的独立自主意识得到鼓舞，也培养了学生的探索精神和创新能力。

（五）实践操作

课堂上，微课循环播发实验的演示过程，教师负责课堂的秩序和安全管理，同时负责引导遇到问题的学生。这需要教师时刻关注实验室的情况以及学生的状态，随时准备出手干预实验的发展，以避免发生意外事故。虽然实验具有轻度危险性，但除非发生紧急的实验安全问题，教师不应给予学生直接帮助，只能引导学生寻找解决问题的方向。

学生由教师分配成4人一小组，分别负责实验操作（2人）、观察实验现象（1人）、记录实验数据（1人），其中小组负责人要维持好本组的秩序以及实验器材的完好性。为了考察学生预习的效果，也为了保障实验过程的顺利，各小组要事先检查并报告实验桌上的实验器材是否完备。随后，小组成员开始分配实验任务，准备进行实验。

学习小组带着教师布置的学习任务进行实验，当实验出现状态以致无法进行或发生酒精灯着火等安全问题时，可以参看教师事先准备的课堂背景、微课视频或向教师请教，学生分工合作，仔细观察实验现象并思考现象原因，记录实验现象以及实验过程中相同时间间隔下温度的数值变化，记录实验过程中产生的问题以及学习伙伴发现的新问题。

实验完成后，小组负责人认真检查、报告各实验台的器材完好性，随后各小组有秩序地回到教室。根据实验记录填写教材上的表格，将时间与温度的数据用图形的形式表现出来，利用平板电脑查询记录的相关疑点，相互探讨及总结水沸腾的特点。

对每个阶段学生的学习成果进行检测，既帮助教师有效且系统地了解学生的学习情况，又可以规范学生学习的态度，保证学习的有效性。巩固与练习按学习的时间顺序可划分为课前的预习检测和课后的复习检测。课前巩固练习的测试内容包括：温度计的使用方法、石棉网的作用、酒精灯使用时的注意事项、水沸腾实验装置的连接顺序。本练习是为了顺利开展实验做准备，促使学生预习各实验器材的用途和实验注意事项，保障实验过程的安全。

课后复习检查的测试内容包括：水沸腾过程中的温度变化，气泡的变化，沸腾的现象及特点，水的沸点，沸腾和蒸发的区别及联系，不同液体的沸点是否一样。主要目的是检测学生通过小组合作学习的方式自主探索新知识时是否达到本次课程的学习目标，同时，促进学生系统地回顾实验过程，复习所学的知识。

教师需要掌握学生的学习动态，除了实验室的动态外，还需要了解课前课后学生的学习状况，以便于教学的改善与提升。课前预习是由学生在离开学校、脱离教师的监督下自主完成的，学习的进度及学习状态如何，教师无从知晓。为了达到教学目标，教师根据预习的内容设置预习检测的关卡，如若学生不能通过巩固练习的最低标准得分，则需要继续学习，再进行检测，直至顺利完成任务。系统记录并收集每位学生每一次检测的得分，按需要反馈给教师，用以帮助教师了解不同学生的学习情况，统计学习的重难点，给学生传达正确的理论知识。

在课堂上，教师充当管理者和观察员（必要时还应充当消防员）的角色，时刻关注课堂的发展和学生的表现。实验完成后，学生回到教室，在教师的组织下，各小组代表积极发言，分享实验过程中的发现成果，探讨尚未找到答案的问题。最后由教师总结本次课程的主题与收获，对表现突出的、具有代表性的小组和个人进行客观评价，鼓励学生敢于尝试，提升其学习兴趣。

课程结束后，教师需统计每一位学生在自主学习的各个阶段对微课视频使用的时间和次数以及学生每个阶段检测的完成情况，进而判断学生对微课学习的兴趣和接受能力，了解学生的学习积极主动性、对微课的学习兴趣以及学习能力。同时，学生需要完成一份"微课应用于物理实验课程的调查表"，学生按照自己的真实想法填写表格。调查表以主观选择题为主，主要是了解学生对本次微课实验课程的体验感受、评价与建议，为课堂的进一步改善做指导。以学生为主的探究式学习，并不一定能保证学习目标的实现。

微课在课后复习阶段的作用主要是查漏补缺和拓展延伸。喜欢思考的学生通过仔细观察实验现象可以发现很多问题，也容易偏离预定的学习目标；不喜欢动手的学生即便想到某些有趣的事，也会轻而易举地放弃；虽然采取小组合作、小组共享的方法使学生之间互相影响，但也不能保证学生如数地完成学习目标。因此，为了弥补课堂上的不足，应该在课后采取必要的复习，复习内容以知识检测的方式呈现，主要是根据要求完成教师发布在学校信息化教学平台上的作业，复习所学的内容，学习未学的知识，进而完成既定的学习目标。除此之外，学生需分享学习心得，一方面促使学生回顾整个学习的过程，复习所学知识，另一方面，学生通过写心得的过程能发现他人的优缺点与自己的不足，加强班级同学之间的了解，促进学生对自身的认识和建设。

第六节　基于 Nobook 平台的初中物理实验教学

一、Nobook 简介

Nobook 是针对中学物理实验教学开发的辅助软件。笔者最早接触 Nobook 是在其获得"2016 年度校园好方案优胜奖"时。软件涵盖了中学物理教学中各章节和模块近两百种实验器材，可以在 Web、PC、手机、平板各种设备和操作平台上进行数据传输和文件保存，用户通过操作可随时随地编辑实验方案，查看演示实验。

二、Nobook 与其他仿真实验的区别

真实度高，实验效果好：该软件通过特殊的图像处理技术使实验器材和装置视觉仿真度高，仪表读数与实物器材读数接近，实验现象清晰且真实度高。可以跨平台操作，使用便捷：软件可以一号多用，在不同版本和操作系统下同一账号间数据互通，可实现电脑、手机及其他设备协同使用，方便教师备课及学生练习使用。打破模块限制，扩大实验面：该软件不但可以实现某个模块内的实验操作，还可以跨模块开展实验，极大地增加了实验的广度。智能化程度高，方便自主探究：实验者可以自定义实验环境，任意选取实验器材和设置器材规格，自主开展实验，且不受实验模块的限制，可以自由组合。

三、教学设计的原则

为了有效发挥出使用 Nobook 教学的效果，根据学生的基本素养并结合多媒体教学相关理论基础，笔者归纳出基于 Nobook 实验教学应当遵守的几个原则。

（一）有效性原则

教师在进行教学设计时应遵循有效的教学标准，充分了解学生的具体特点，教学目标和教学内容，再进行教学资源与环境的设计，教学才有针对性，才能有效地进行教学。

（二）直观性原则

在教学活动中，学生对知识是一种间接的认识，学生在教师的引导下学习前人取得的经验及书本知识。这些书本知识的正确性虽无可置疑，但是与学生实际认知水平和生活经验存在一定的差距，有些知识甚至完全脱离了学生的实际接受能力。学生的学习是由感性到理性的过程，从具体发展到抽象，如果没有直观形象的认识，学生很难理解理论知识，因此在教学设计阶段教师就应该注意知识的直观性。Nobook 倡导的就是直观呈现，涵盖了电学、力学、光学、热学、声学等模块下近两百多种实验器材，可以直观地呈现初中物理全部实验，在教学设计过程中尽可能多地通过直观方式呈现知识，教学过程中，尽可能多地让学生能触及或看到知识。

（三）循序渐进原则

物理课程具有较强的逻辑性，很多规律和定律是对大量的实验数据分析或现象总结得到的，必须讲求循序渐进，同时又要遵循学生的心理和认知规律，立足于学生的生活经验，根据学生已有的知识传授新知，持续、连贯地进行教学。同时教师不能刻板地照搬教学大纲，要结合自己所教学生的具体特征合理安排教学内容和教学顺序。

（四）启发性原则

教学的一个重要任务是教师启迪学生的智慧，在教学过程中，教师不能只一味地向学生传授知识，还需要引发学生的思考，让学生成为知识的探索者。Nobook 突破教材和实物实验的限制，教师和学生都可以使用软件"DIY"设计和实施实验，通过实验可以引发学生的思考，激发学生求知的欲望。在自主尝试中学生学习的主体地位得到重视，最大限度地激发学生的求知欲和探索欲，在积极的探索中提高学生的认知。

（五）趣味性原则

教学是一门艺术，教师需要通过一些"手段"使枯燥乏味的知识以一种学生喜闻乐见的形式呈现出来，但是在使用"手段"呈现过程中又不能影响知识的科学性。Nobook 不光可以呈现出实验器材，而且可以通过丰富的声光现象把一些传统实验不容易呈现或难以观察到的现象表现出来，以及软件的"DIY"功能可以让学生体会到实验的趣味性，同时又不失科学性，让学生充满兴趣地学习知识。

（六）巩固性原则

教学是一种持续的活动，学生要不断地学习新知识、回忆旧知识，根据记忆规律，在此过程中会出现知识的遗忘，因此在教学中需要注意对知识的巩固。Nobook可以突破传统实验器材、场所等的限制，可以让学生进行大量的练习，不仅可以加深学生对新知识的认识，同时还可以复习旧知识，达到温故而知新的效果。

四、基于Nobook的初中物理实验教学模式构建

基于Nobook的初中物理实验教学模式是将虚拟仿真与实物实验相结合，分为演示型实验和分组探究型实验。

使用Nobook演示物理实验过程及现象，可以强化学生对实验现象的认识，帮助学生认识实验的条件及现象和现象发生变化的条件，通过化抽象为具体的演示将实验中的规律及实验的共同特征找出来。

学生在使用实物实验仪器进行实验之前，使用Nobook进行探究，设计出可行的实验方案，再通过实物器材进行实验，展示实验获得的结果，进行归纳总结。笔者根据初中物理课程标准对实验教学的要求，结合实验教学的特殊性和Nobook的功能及特点，初步构建了基于Nobook的分组探究实验教学模式。

第七节　信息技术与初中物理教学深度融合

一、信息技术与教学深度融合是教育改革的重要组成

党的十九大以后，教育部加快教育现代化步伐，我国正式进入信息化2.0时代，踏上了建设教育强国的新征程。随着我国教育"三通两平台"建设的快速推进，教师应用信息技术的能力已经有了明显提升，信息化对教育改革发展的推动作用日趋明显。教育部有文件明确指出，要持续推动信息技术与教育深度融合，促进两方面水平提高。促进教

育信息化从融合应用向创新发展的高阶演进，信息技术和智能技术深度融入教育全过程，推动改进教学、优化管理、提升绩效，构建互联网+教育大平台。教育部在相关文件中提倡将信息技术列为教师必备技能，同时充分肯定了信息素养对于落实立德树人目标、培养创新人才的重要作用。在教育信息化已势在必行的今天，教学改革的大方向就是实现教学理念重组、教学结构重构、教学流程创新、教学关系重塑、教学模式拓展、教学资源共享从而完善一体化人才培养体系。

二、信息技术与教学深度融合是教学质量提升的重要途径

网络技术使教学资源得到共享，先进的教学理念、经过实践检验的教学资源使教师的备课效率大大提高，同时也增强了课程内容的实用性。信息技术对于信息的高效处理使信息整合的速度大大提高，便于教师针对所教学生的实际情况进行个性化设计，提高教学效果。信息化教学模式及其衍生出的多样化教学方式，使教学形式更为灵活，在信息技术平台上，教师更容易设计出新的教学流程，促进教学的进行。课后的灵活反馈形式，使教师可以第一时间了解学生的学习状态和掌握程度，从而更好地对学生进行针对性辅导，帮助学生查缺补漏，提升教学质量。

三、信息技术与教学深度融合是提高学生综合素养的必经之路

学生发展的六大核心素养之一是自主发展，信息意识又是自主发展素养的重要组成部分。信息意识具体指的是"能自觉、有效地获取、评估、鉴别、使用信息；具有数字化生存能力，主动适应互联网等社会信息化发展趋势，具有网络伦理道德与信息安全意识等"，由此可见，信息的获取、鉴别、处理和应用能力已经成为学生的必备技能。信息技术具有高效互动功能，可以增加学生的学习参与度。以信息技术为基础，教师可以在最近发展区为学生搭建适合的自我提升平台，激发学生"我要学"的学习主观能动性，实现学生知识体系的自主"生长"。因此，信息技术与教学深度融合也是时代为提升学生的综合素养向教师提出的新要求，是教师帮助学生提升综合素养的必经之路。

媒体、网络工具的快速发展为教学资源的共享和开发提供了高效平

台，使资源的表现形式更为丰富、获得方式更为便捷，网络数据库为教学实践提供了更多的素材，推动了课程的校本化开发。教学平台和各种社交媒体工具是教师进行分层教学的得力助手；学生展示平台和数据资源库也已成了教师及时获取反馈信息、进行精准分层教学设计的重要工具。在此背景下，信息技术与初中物理教学深度融合有着传统教学无法比拟的优势。一是课前高效引导，信息技术与教学的融合让预习资料更为丰富，这种开放性预习资料以恰当形式进行重组，经过教师引导可以最大限度地引发学生的求知欲望，激发学生学习的积极主动性；二是课中有力辅助，多样化的信息技术手段可以帮助教师在使用过程中不断地变换知识展示形式，保持物理知识的新鲜感，使学生的注意力可以更长地集中在所学内容上，知识更为高效地被学生吸收，提升了教学质量；三是课后精准指导，在学习活动结束后，使用信息技术中的远程连接工具和互动交流工具可以对学生进行课堂实时答疑和课后跟踪个性化辅导，使用信息技术可以让教师在当天就接收到学生的作业反馈，根据学生的作业情况教师能够有计划地进行辅导，保证知识当天教授、消化、补充，这样教师在第二天就可以把百分百的精力放在新知识的引导和构建上，提高了上课效率。

（一）信息技术

信息技术，是用于处理和管理信息所采用的各种技术的总和，即用于获取、处理、存储、变换、显示和输出文本、数值、图像、声音等信息的方法与设备的总称。信息技术的本质就是获取、存储、传递、处理分析信息以及使信息标准化的技术，其具有技术的一般特征——技术性，具体表现为：设备工具的先进性、技术能力的熟练性、技术经验的丰富性、操作过程的快捷性、技术功能的高效性和技术方法的科学性。同时，信息技术还具有技术属性角度的目的性、创新性、两面性和综合性。此外，信息技术有区别于其他技术的特征——信息性，具体表现为：信息技术的主要操作对象是信息，其核心功能是提高信息存储、处理和利用的效率。信息技术主要对象决定信息技术还具有客观性、相对性、共享性、时效性、共享性、普遍性、传递性、承载性等特点。信息技术具有教育功能，信息技术的加入，让教育资源的表现形式更为多样化，学生在学习过程中可以体验各种学习形式，并从中找到最适合自己的模式，增强了教学效果。在运用信息技术的过程中，抽象知识变得可视化、模块化，这大大增强了知识的可感知性，降低了学习难度；信息技术的多流程操作模式和人机互动功能在增强了学生学习自主性的同时又提升了学习的趣味性，让学生的学习兴趣更容易被激发。此外，信息技术扩大了合作学习的空间，在网络平台上，学生的合作学习不单单只是停留在小组和教室里面，合作学习的对象不再受时空限制，学生甚至可以在任何时刻与任意地点与网络小组的成员共同讨论、共同进步。

（二）深度融合

深度，即深入的程度，触及事物本质的程度。融合，被解释为在熔化过程中融成一体，或者在繁殖过程中相互结合，可解释为融解、熔化及调和融洽。因此，"深度融合"可以解释为有效地整合、深层次地整合、全方位地整合。信息技术与初中物理教学的融合是指教师依据课程标准对初中物理教学目标、教学模式、教学手段、评价形式等诸要素进行系统考量和安排，并将之与适合的信息技术手段相结合，以信息技术为指导，以促进学生自主学习为出发点，构建信息技术支持下的初中物理教学资源库，形成信息技术与课程内容有机结合的新型初中物理教学模式。信息技术与初中物理教学的深度融合指的是信息技术参与到初中物理教学的各个环节中，与初中物理形成有机整体。在信息技术的辅助下，形成更为高效、更为灵活、更为个性化、更为兼顾学科教学内容和学生学习体验的初中物理新体系。

信息技术与初中物理教学的深度融合标准可总结为两点。一是介入得深信息技术应用于初中物理教学中，与教学中的每一个环节关系紧密，已经成为教学过程中必不可少的组成部分，与教学融为有机整体；二是应用得好，在应用了信息技术之后，教学结构从教师为主变为"主导—主体"相结合，既发挥了教师的主导作用，又体现了学生的主体地位，学生的能力得以培养，课堂变得更为生动、知识得以落实。

（三）信息技术与初中物理教学融合实践的主要问题

1. 引入环节简单

在教学的引入环节，多而有序的信息组织形式可以极大地激发学生的学习积极性，同时为学生理解和掌握知识奠定基础。教师在信息技术与初中物理教学融合实践过程中，引入环节简单的直接表现为课堂引入环节大多只使用一种信息技术，且引入的信息量较少。在现阶段的中学物理教学引入环节中，教师多以一到两个问题或者一个生活现象作为引入，这个过程最多使用一种信息技术工具。这种信息技术应用模式直接导致学生在学习引入环节接收的信息量较小、信息集成度不高，学生在没有整合足够实践经验和感性认识信息的基础上就直接接受物理知识，学习效果会大打折扣。这种信息技术应用形式太过简单，看似将信息技术与初中物理教学融合，实则难以最大限度地发挥信息技术的教育功能，教学效率无明显提高。

2. 互动参与形式化

课堂上学生互动参与形式化的直接表现就是教师使用信息技术互动的形式单一、互动环节单一；或者是教师引导过多，放手给学生的自主互动机会太少，不能体现学生的主体地位，虽然运用了信息技术，但是教师并没有突出探究实验的重要地位。新课程改革要求教师加强学生的主体地位，同时重视教师的引导作用。笔者听课看到展示课上学生的参与度较高，但是学生的调查问卷结果显示许多学生认为使用了信息技术之后课堂参与度并没有明显提高，选择最多的选项是"提高了一部分"。综合以上信息，笔者认为信息技术与初中物理教学融合现状存在互动参与形式化的问题。

从表面看，教师运用了多种信息技术手段与学生之间进行互动，但是互动参与多停留于概念提问和小组展示，在课堂最重要的理论提升环节或者实验规律总结环节中，学生的参与程度有待提高。信息技术工具的一个重要功能就是放大细节和增强体验感，探究实验是初中物理教学的一个重要内容，学生参与和观察探究实验是课改后中学物理教学中相当受到重视的教学互动活动之一。在探究实验的过程中，信息技术的融合可以增强学生探究的实验体验，方便学生观察和进行实验，突出探究实验的重要地位。调查结果显示，教师和学生普遍认同信息技术对课堂直观体验起到了促进作用。但是笔者从访谈记录中了解到，在实际的教学过程中，教师使用信息技术的目的多为"为了响应学校号召而应用"或者"为缩短信息展示所用的课堂时间"，涉及实验展示的部分教师答案普遍为"加强实验现象的观察"，既没有在实验过程中运用信息技术工具加强互动交流、保证探究实验中遇到的问题得以及时解决，也没有进一步应用信息技术将探究实验进行突出展示或重现的回答，此种情况下探究实验的主体地位没有得到体现。

3. 数据分析效率低

实验探究后的数据分析环节是引导学生思维建模的重要机会。初中物理涉及的数据统计或者实验数据分析，多数停留在二次函数的图像分析上，只有在热学涉及折线图的浅层次分析时，作出的图像规律十分明显。使用信息技术可以高效地把实验数据转换为函数图像呈现。在访谈过程中，有5位教师提到使用Excel表格可以很清晰地在大屏幕上罗列实验所得的数据，然后找学生排除错误数据、直接推测数据规律，这样节省了课堂时间，却没有教师提到使用信息技术将数据图像化。少于6组的合理实验数据统计规律通常比较明显，学生合作讨论可以很快得出答案，但是初中物理教学涉及的实验其数据通常会受到实验器材、实验条件、学生实验操作水平和偶然事件的影响，得出的部分实验数据直观罗列时规律性不明显；较多实验数据同时罗列则会增加学生的分析负担，不容易找到规律。从访谈中笔者了解到，现阶段教师的传统做法是让学生直接找寻数据规律或者让学生在自己的本子上进行描点做图，很少有教师想到直接借助信息技术工具进行数据和图像的转换与分析。

4. 学习指导不足

除了备课过程，现阶段教师运用信息技术的主战场仍然是课堂，教师在课后对于信息技术工具的应用大多停留在使用通信技术上，如发通知或者接受学生汇报学习进度上，并没有使用信息技术将学习指导个性化，这已经是普遍现象。恰当使用信息技术可以让教师及时获得学生的问题反馈，方便教师根据学生的实际情况进行个性化指导。现阶段教学反馈模式与传统教学差别不大，大面积的反馈仍然是在第二天教师批阅作业之后。这样导致的直接结果就是信息反馈滞后且繁杂，加上在校学生并没有太多自由时间，教师在时间不够充足时会来不及将每一个学生的反馈情况进行整理，更不用说进行个别指导巩固了。

四、基于信息技术的预习引导

初中物理知识与学生的生活息息相关，教师如能在新课讲授前通过信息技术与初中物理教学深度融合实践策略给予足够的引入资料，或引导学生查阅足够的案例，可以极大地激发学生思考的积极性。

学生在学习初中物理知识以前，一般都已经在生活中有丰富的直观经验。在学习之前，教师可以根据学生的知识储备给予学生合适的微课教学资料，方便学生复习之前所学知识；同时布置一定的信息搜集作业，一来利用信息技术本身的趣味性特点激发学生完成物理作业的积极性，二来帮助学生更为快速地回想起生活中的真实体验，让学生有思想准备地步入课堂。让学生从多彩的物理现象入门，传统做法是教师直接演示或者学生进行实验，信息技术的参与可以让课堂有更多的惊喜。学习入门课之前，虽然学生对于物理知识比较陌生，但是积累的生活体验却不少，教师可以在课前给学生布置任务，让学生通过视频工具或信息检索工具找寻生活中的物理现象、物理小魔术，并进行相关的记录；教师在课堂上组织讨论筛选，再请学生将有代表性的或者趣味性强的作品进行重现尝试。除了传统的实验展示外，教师还可以根据学生的知识储备先给大家进行不同生活现象的初级物理知识"揭秘"，更好地激发学生对物理学习的兴趣。在预习引导策略的实施过程中，需要注意以下几点：

（一）以资料收集为主要目标，偏重方法引导

学习准备环节是引起学习兴趣、增加学习动力的过程，所以教师不应给学生太大压力。教师可以给学生布置探索报告的任务，内容应具有开放性、难度不高且可以锻炼学生收集和处理信息的能力。在这个过程中，教师应当有意识地引导学生使用信息技术搜索工具，如根据不同搜索引擎的使用方法和适用范围，去收集不同类型的资料，为物理学习做准备，同时提升学生的信息素养。

（二）以开放性任务为载体，重视知识的落实

虽然是学习准备环节，侧重于方法指导，但是也和学生的学习密切相关，预习目的是要让学生在对物理知识还不甚了解的情况下，对知识有一个先行的认识，所以教师必须要验收学生的成果。一个较好的落实方式就是让学生记录下自己搜索的过程和思考内容。在没有任何知识基础的前提下，教师可以让学生将他们的搜索过程记录下来，完成搜索报告。报告不需要高深的物理解释，但是需要学生详尽记录自己利用的信息技术工具、搜索的关键词、资料筛选标准、整理的顺序、阅读资料以后在课前对物理这门课的思考。这种开放性作业可以让教师在课前对于学生的基础有一定的了解，方便教师根据本班学生的情况进行教学设计调整。在整理信息的过程中，每个人都会有自己的想法，不容易出现雷同；学生完成作业的认真程度可以以报告整理的详细程度为标准，这样教师对学生前一天在家完成作业的状态有了一定了解，同时为后期的教学检测和针对性引导做准备。在网络发达的今天，大量的信息涌向学生，初中生不一定能够做到完全自如地筛选有用信息，信息采集和筛选能力需要一步一步进行培养，在帮助学生构建物理认识体系的同时提高学生的信息素养。在布置这类任务的时候，教师应当设计好作业每部分的具体内容，恰当地对学生进行引导，所以作业的反馈落实就显得尤为重要，如果作业起不到引导学生预习的作用也就失去了意义。

（三）基于信息技术的情境还原

部分情况下，教师需要在课堂的引入环节将生活中的物理情境、物理现象再现于课堂上，引发学生对现象背后规律的思考，从而推动教学的进程。在这个环节中，对时间的利用要求很高，不能占用太多的课堂时间，还要引发学生的思考从而激发学生的学习动力。信息技术的参与，可以丰富课堂引入的形式，提高信息的展示效率。在情境还原策略的实施过程中，要注意以下几点：

（1）真实还原，场景高效重现。传统教学工具局限于实验器材和计算机、投影仪，信息技术与初中物理教学的深度融合可以让教学工具的选择范围扩大，教学资源展示面拓宽。对于有危险的实验、不适宜在教室直接演示的实验，教师可以进行视频展示或者微课导入。对于

精细的实验、实验室器材展示效果不好的实验，教师除了利用上述手段辅助外，还可以利用虚拟软件来进行，如虚拟实验室、模拟实验等。教师使用虚拟软件可以直接展示实验过程或者通过让学生动手设置软件参数、观看对应演示，既模拟了真实的场景或者实验操作，又保证了课堂引入时间的高效利用，如"运动比赛的赛跑计时"实验，"大气压强支撑起的水柱"实验等。危险系数较高、不宜在教室中进行的实验也可以通过信息技术手段展现，如子弹发射研究受力情况的场景。值得注意的是，此类实验需要突出的就是真实实验现象，所以教师给学生展示的资料应当是完全还原真实场景的，如实验的视频存档。通过生活现象引入新课时，教师利用剪辑技术可以将多段影像资料要点合并集中，为学生进行集成展示，通过高效同类对比，引导学生思考现象产生的原因，激发学生的联想。

（2）技术辅助，演示分组为主。信息技术作为一种新型教学手段，固然有其优势，但是在教学过程中，不能完全依赖信息技术进行教学活动，如果将物理知识完全用信息技术手段进行展示，物理就失去了本来的色彩。虽然信息技术参与到教学过程中，可以为教学增色，帮助教师高效地展示信息，并提升学生的信息素养，增强学生的自主学习意识，但是说到底，初中物理教学还是要从学科内容和学生的实际情况出发，设计教学环节、组织教学活动。在初中物理教学过程中，教师的演示实验和学生的分组实验有着不可取代的作用，根据知识特点，部分内容还是应当以学生的体验式学习和实地观察为主，所以在教师选择引入素材和教学形式时，需要反复斟酌，精心挑选整合后的内容和信息技术应用形式，从而更好地进行教学。

（3）细节清晰，重点现象突出。在引入这个环节，教师不能占用太多的课堂时间，还要激发学生的学习动力，这就要求教师高效利用这短暂的时间。如果教师展示的实验结果出乎学生意料，实验现象和学生储备的生活经验形成鲜明的对比，可以第一时间吸引学生的注意；如果教师再现代表性极强的现象，并与实例结合分析，也能收获不错的效果。

使用信息技术可以将引入环节展示的实验量增加，同时，跨越时空界限的网络资源让教师的选材范围更广，因此教师更容易选择出适宜这一课题的相关资料。在选择和集成资料时，教师必须要以突出重点为第一原则。例如，在摩擦力教学中，教师先使用信息技术快速出示多组拔河照片，并放大拔河输赢决定的标志结果图，再请一位很瘦小的同学和一位体重较大的同学拔木棒（体重较大的学生拔的木棒一端事先涂上滑石粉），结果瘦小的同学轻松获胜。多组细节清晰的拔河图片和实际实验中的反差结果引发学生对现象的思考。

（4）高效筛选，精准互动。得到结果后，教师要引导学生自主分析实验的众多猜想，根据生活经验辨析哪些猜想不正确，哪些猜想可以使用实验现场检验。有多种信息技术手段可以让这一环节高效进行，如电子习题、线上统计、投票工具等。以投票工具为例，教师可以将需要分析的猜想内容作为投票项，首先进行小组间交流讨论，组内统一意见后每组对各种猜想进行投票，并在投票的同时说明同意或反对的理由，直接被全票反驳的猜想由教师在屏幕上消除，最后只留下投票选出的待探究项。这相较于传统的先在黑板上列举所有的猜想再一一划掉，节奏更为紧凑，且做到了人人参与。之前在使用多媒体和幻灯片进行这一教学环节的时候，有的教师提前将学生的猜想准备好，但是在上课的过程中，学生猜想的先后顺序和课件无法对应是一个很大的问题，利用信息技术进行精准互动的做法，恰好可以解决这一问题。需要注意的是，精准互动过程中教师应当根据课堂时间选择最适合的投票形式，保证课堂高效进行。

（5）及时沟通，保证探究。在这个环节中，学生需要动手操作实验仪器，验证之前的实验猜想是否正确。在实验过程中，信息技术的融入为教师的个性化指导提供必要的技术支持。在学生的实验过程中，有可能会遇到操作瓶颈，或者因操作方法不对导致无法出现预期的实验现象，从而得出错误的实验结论。使用信息技术的高效沟通工具，教师可以第一时间收到学生反馈的问题，方便教师根据不同组学生的实际情况进一步指导学生实验。需要注意的是，在学生实验过程中，教师应当随时关注小组的反馈，及时给予学生必要的指导。

（6）结果展示，引导分析。在实验结束后，学生自主分析实验数据和现象并得出结论是十分重要的环节。传统课堂因为时间、空间限制，做不到每一次实验都将所有小组的实验数据进行展示。利用信息技术进行集中反馈，每个小组的学生在同一时间将实验结果以在线的形式上传到局域网的服务器，教师马上就可以将所有实验记录有序展示，紧接着引导学生进行实验分析即可。教师甚至可以直接利用移动设备挑选实验记录，在同屏的情况下圈划重点，将实验分析思路外显化，帮助学生完成思维建模，让这一教学环节更为高效地完成。

第五章 初中物理实验教学

第一节 初中物理光学实验教学

一、初中物理光学教学中运用实验教学的作用和意义

在初中物理光学教学中，积极运用实验演示法进行教学渗透，能够在课堂中起到重要的作用，对学生学习物理知识产生重要意义。

首先，实验教学使物理理论与生活实际之间的联系加强，有利于引发学生对物理知识产生浓烈的兴趣，因为他们能够通过实验发现生活中与物理知识密切相关的现象，激发探索现象发生的原理、揭示事物本质的欲望，通过自身的实践活动去探索和研究找到解决问题的关键和诀窍。

其次，在这个过程中也培养了学生观察社会生活、思考物理现象的能力。学生在生活中遇到相关物理现象或者一些物理理论知识无法解释时，通过实验教学，善于发现问题、分析和解决问题，最终在此基础上进一步培养独立思考、独立工作和探索创新的能力。

最后，有利于培养学生科学的、严谨的态度，树立科学的思维方法和严谨的科学作风，而不会以随便、敷衍的态度对待物理知识的学习，提高学习效率，促进全面发展。

二、初中物理光学实验教学难点分析

（一）在学生进行实验前，教师要先进行演示实验

演示实验可以更直观地帮助学生了解实验过程，所以教师要仔细备课，还要认真研究准备以防出错。有一些教师不重视课前演示实验，

准备工作做得不够充分，结果在光学实验教学中演示失败或出现其他意想不到的情况，最后只会对学生强行进行知识灌输，教学效率很不好。会形成这种情况有很多原因，一些人是态度存在问题，对初中物理光学实验教学不重视；一些人是疏忽大意，对实验不以为然，认为内容简单，对自己的经验毫不怀疑；还有一些人是怕麻烦。这些都是造成演示实验失败的重要原因。首先教师在课前要准备好本次实验的仪器、材料。其次教师在课前要对实验进行反复操作，直到熟练，并且熟悉在实验中可能出现的故障，了解解决方法。

演示实验时教师要使实验现象清楚，而且要让所有学生都能观察到。教师要想办法增加演示实验的可见度。投影放大、机械放大、自制可见度大的仪器等方法都是物理实验中常用的方法。但是物理光学实验又不大一样，光学实验一般仪器精密、操作细致，且其他人不易观察，这个时候教师要用一些现代化手段帮助学生观察到实验过程。详细讲解实验过程，让学生上前观察，都能让学生对实验过程更加了解。让学生亲自参与演示实验，可以帮助学生熟悉实验，又可以加深学生对物理概念和规律的理解，这个过程可以培养学生的科学态度和科学方法。

（二）用熟悉的事物引导学生思考

万有引力通过观察苹果落地得出来的，蒸汽机是根据烧水的水壶制作的，还有很多物理结论都是人们观察实际得来的，所以说实验的第一步便是观察。观察在生活、在物理实验具有重要作用。例如，在初中物理的课堂中，教师可以用三棱镜来做光的色散实验让彩虹出现，这会让很多学生感到新奇。这时教师可以引导学生去思考彩虹是如何形成的、为什么三棱镜可以使日光变成彩虹等问题。

初中物理光学实验可以在课上做，也可以在课下做；学生可以自制实验工具，可以使用日常生活中常见的物品做实验，如做光的色散实验时，学生可以用水和玻璃来代替实验器材，并且这些器材学生更熟悉，有利于学生进行物理实验，还能让学生明白物理就在生活中。

（三）适当的实验教学评价能激发学生学习兴趣

在没有成绩激励的情况下，教师根据教学目标的完成情况对学生进行评估，如果学生已经掌握了现在所学知识的重点、难点，并且对其有了相应的学习技巧，那么教师应该对其进行表扬。初中生刚刚开始培养价值观，这个阶段他们很渴望教师的肯定，不时地对学生学习过程和结果进行总结可以激发学生的学习热情还有利于激发他们的创造性。

三、初中物理光学实验教学策略

（一）光的直线传播

光在同一种均匀介质中的传播路径是直线，对于这个结论，笔者分四个小实验来进行验证：①在空气中进行验证：教室周围的空气近似被认为是均匀的，为了使现象更明显，采用喷空气清新剂的方法增强漫反射的效果，在教室门口喷一些空气清新剂，用激光笔照射，非常清晰的一条直线便会展现在学生面前。如果在晚上，可以让学生看一看手电筒或城市楼顶的探照灯发出的光，它们都沿直线传播；②在水中进行验证：纯水是透明的，在纯水中加入细小的粉笔末，可以使光在水中的传播现象更明显；③在固体中进行验证：用激光笔沿着黑板或白纸的表面照射，也可以从厚的玻璃砖底部照射，可以清楚地发现在这些固体表面（或内部）光的传播路径是一条直线；④如果同一种介质不均匀，光会怎样传播呢？用蔗糖溶液进行探究，蔗糖溶液密度不均匀，上面密度小，下面密度较大，光线在不均匀的蔗糖溶液中，不再沿着直线传播。通过这四个小实验，学生很快得出了光在同种均匀介质中沿直线传播的结论。

（二）光的反射

在探究光的反射实验时，为了使反射光线和入射光线、反射角和入射角的关系方便确定，笔者的做法是：在一本平整的书上铺一张白纸，白纸上事先画好各种角度，然后将平面镜垂直立在书的一边，让镜面紧贴入射点 O，然后用激光笔分别沿事先画好的入射光线照射，入射点都是 O 点，学生根据反射情况画出反射光线，并且量出反射角，这样很容易进行比较和归纳。在判断三线是否共面时，可以利用白纸沿法线将反射光线所在的一半折叠起来，再用激光笔沿原来的入射光线照射，看能不能找到反射光线，这样非常便于确定反射光线、入射光线、法线三条线在同一个平面上。同时，逆着反射光线照射，发现出射光线和入射光线重合，这样很容易就证明了光在反射时光路可逆的结论。

（三）光的折射

教材中光的折射实验要求用激光束从空气斜射入水中，而且要求在较黑的环境中进行，这对有些学校来说，条件不允许，如何改进呢？

笔者在引入这节课时，用激光束从空气斜射入水中，不过在空气中有蚊香点燃的烟雾，水中撒有粉笔末，非常清晰地让学生看到：光从空气斜射入水中时，传播方向发生了偏折，在探究折射规律时，笔者是利用白纸、一只激光笔和薄的塑料刻度尺来完成的。在白纸上画两条与刻度尺同宽的平行线，找出一个入射点 O，画出一条入射光线 AO，然后把刻度尺紧贴两条线，让激光束沿着已经画好的入射光线入射，发现光在空气斜射入塑料时，光线发生了明显的偏折，顺着出射光线，学生很容易画出了折射光线，改变入射角，多做几次，光的折射规律就会被非常容易地找到。学生逆着折射光线入射，发现出射光线与原来的入射光线重合，这就很好地验证了光在折射时光路的可逆性。

（四）平面镜成像特点

物理是以实验为基础的自然科学。让学生在动手动脑中探究物理规律，理解物理概念，培养学生的思维能力，是符合学生的认知特点的。教师可以充分利用各种资源进行实验资源的开发。除教材中出现的探究实验以外，还可以利用随手可得的物品进行实验的探究。现代社会网络、媒体发达，利用网络、视频等丰富的资源可以整合入课堂，增加学生的生活体验，激发学生的求知欲。

培养学生的自主探究能力，不仅培养学生的实验技能，还包括培养学生的科学的实验方法，科学地设计实验的能力。学生在设计实验的过程中，可以充分理解设计的意图、器材选用的原则等。通过这样的引导，学生的自主探究能动性会被激发，学生的自主探究的能力会得到培养。

教师在教授"平面镜成像特点"时，一般都是先让学生进行分组实验，实验后再给学生归纳结论——平面镜所成像与物体等大、等距离、正立、虚像。看似把这个知识点解决了，但在日后的考试中，仍有相当一部分学生对"等大"这一特点不理解，觉得物体在远离镜面时，像在缩小，因为学生看到的实际感觉是缩小的。为了解决学生的这个困惑，教师在授课时可以把"视觉"的知识提前讲解给学生，告诉他们远离镜子时像变小的真实原因是人的视角引起的，并利用视角分析像是怎样感觉缩小的，只有让学生真正理解了知识的本质，学生才能真正从本质上理解为什么像和物体始终是等大的，才能更好地理解记忆知识。

（五）透明物体、不透明物体对光的作用

在人教版物理教材上关于透明物体、不透明物体对光的作用知识归纳了两条，分别是：透明物体的颜色由通过它的色光决定；不透明物体的颜色是由它反射的色光决定的。这两句话由于理论性较强，而且需要逆向思考，初中学生的逆向思考能力相对较差，有些学生琢磨不透。为了更好地让学生加强理解，可以补充这样几个笔记：①看到的透明物体是什么颜色，它就透过什么颜色；②看到的不透明物体是什么颜色，它就反射什么颜色；③白色物体反射所有的色光；④黑色物体吸收所有的色光。其中第①②两条笔记可以让学生避免逆向思考，而且这两条笔记吻合日常生活常识，是平时生活的体验，易于理解记忆，而且把这两条笔记对比后可以总结出"不管物体是否透明都有共同特点，就是物体是什么颜色，就透过或反射什么颜色"，第③④两条笔记是作为特殊情况的解释。如果学生能把这四条笔记理解了，这个知识点也就迎刃而解了。实验时须注意物理思想，锻炼学生的物理思维能力，针对学生不重视物理实验、不愿意主动参与物理实验的问题，教师需要让学生在学习过程中逐渐地形成物理思想，培养较强的物理思维能力，这是运用实验教学法进行教学的目标之一。这要求教师在注重教授学生实验的设计方式和技巧的同时，教会学生学会分析实验过程中所运用到的物理思想，只有这样，才能逐步培养学生的物理思想，强化学生从物理的角度思考问题的能力，从而在潜移默化的过程中提高学生的物理素养，培养学生创新性思维的能力。

例如，在探究凹透镜或凸透镜成像规律时，根据教材中的原理"凹透镜只能生成正立缩小的虚像"，与凸透镜成像相比，它只能成虚像，且虚像必是缩小的。学生通过具体的实验验证了这些规律之后，教师

应当积极地进行引导：这些规律来自物体为实物的基础之上，那么当物体为虚物，并随意地调整其焦距时，会得到什么样不同的结论？然后要求学生自主地进行探究，并在此过程中学会自主地总结和归纳。这样一来，既锻炼了学生的自主学习能力，又强化了学生归纳概括的物理逻辑思维能力，促进学生物理素养的提升。

（六）初中物理光学实验创新设计分析与应用

从学情出发，激发学生学习的兴趣。前文提到，实验教学的有效性关键还是在于学生的兴趣，教师唯有充分调动学生的兴趣，并将实验内容与学生的已有经验联系起来，才能让学生主动地、自主地参与整个实验过程，让学生能够从实验教学过程中获得熟悉感和亲切感，从而将学生的注意力吸引到实验中，也有助于引导学生更好地留心观察生活中的物理现象，并将物理知识活学活用到生活实际中，以尝试解释一些自然现象，促进学生积极地思考现象产生的原因，养成勤于思考、善于观察、勇于探索的学习习惯。

以"光的折射"的教学为例，学生在生活中随处可见光的折射现象，方便教师从学生的生活实际入手，来增强学生对光的折射的理解。如光线与镜子接触时产生的现象、与水面接触时产生的现象，或者光射入其他介质所产生的不同现象等，让学生通过观察不同现象来了解光的偏折规律及其可逆性，从而学会从众多的光现象中辨别出属于折射的现象，尝试对光的折射现象提出一些问题，或者解释一些光的折射现象。

这种实验相对简单，仅需准备玻璃杯、纯净水、光源，以及沙子、木板、筷子、硬币等其他介质。实验时将硬币放入盛满水的杯子中，让学生用手去摸眼睛看见的硬币；再将筷子插入水中，让学生观察筷子；接着将一束光照进水中，观察光会发生什么现象；最后分别将光投入木板和沙子中，记录相关的现象。当把这些小实验的结果都记录下来之后，学生就会发现：自己摸不到眼睛所看见的硬币；水中的筷子其实并没有被"折弯"；当一束光照进水中时，光也出现与筷子类似的想象；当光照进沙子和木板时被"阻断"了。通过这些小小的实验，学生能够联系日常生活中与光有关的现象，利于培养认识自然现象、热爱科学的兴趣，体验到学习物理的美妙感觉，保持学习热忱。

实验教学应当着眼于学生对概念和规律的理解。既然演示实验已经远远不能满足实验教学的需求，教师就应当积极地创新实验教学方式，摒弃纯粹的演示教学，而大胆地进行真实的实验教学。这需要将实验过程与学生对概念和规律的认知水平相结合，忽略学生学习情况的实验教学终究不能发挥其应有的作用。如光的反射这一课，教师在设计实验时，首先将需要的材料准备齐全，包括充足的硬纸板、计算纸、平面镜、激光笔等，再自己动手制作一个反射仪。将硬纸板经过翻折和粘贴之后，做成两个直角称，在直角称下面放一块平面镜。以两个直角称的中线作为法线，手持激光笔，随意将一束光贴着硬纸板射入平面镜中，与法线形成一个夹角，观察其从平面镜中反射出来的角度是否与射入线和法线之间的夹角相等；可以变化不同的角度，将激光射入平面镜中，以验证自己的猜想和结论。光的反射实验装置，结构相对简单，实验所需要的材料容易获得，制作起来也不难，学生在课外利用简单的硬纸板之类的材料便可以做出来，有助于培养动手动脑的能力，更好地理解入射角和反射角的定律。

教师在设计实验时要注意物理思想，锻炼学生的物理思维能力。针对学生不重视物理实验、不愿意主动参与物理实验的问题，教师需要让学生在学习过程中逐渐地形成物理思想，培养较强的物理思维能力，这是运用实验教学法进行教学的目标之一。这要求教师在注重教授学生实验的设计方式和技巧的同时，教会学生学会分析实验过程中所运用到的物理思想，只有这样，才能逐步培养学生的物理思想，强化学生从物理的角度思考问题的能力，从而在潜移默化的过程中提高学生的物理素养，培养学生创新性思维的能力。

在初中物理光学教学中，创造性地运用实验教学法，设计有益于激发学生创新思维和创造能力的实验，积极地转变对实验教学的态度，重视实验教学对学生产生的重要作用和意义，以形式多样、直观易操作、可行性强的实验设计方式，引发学生的学习兴趣，激发学生探索物理知识的欲望，结合学生的具体实际，认真地分析教材，对授课内容和实验内容有整体的把握，引导学生在实验过程中验证和总结物理规律，促进学生探索物理知识的能力的提升，从而为学生的终身发展奠定基础。

第二节　初中物理力学实验教学

一、力学实验

初中物理的学习时间共有两个学年，而力学部分就占了半个学年，是初中物理学习最重要的部分之一。人教版初中力学实验数量达到33个，其中包括如"影响摩擦力大小的因素""二力平衡"等重要实验。以二力平衡实验为载体，还可以帮助学生分析物体处于平衡状态时的受力情况，对学生中学乃至大学物理相关内容的学习有着重要影响。学生普遍觉得物理难学，很多时候是实验的参与度不足或进行的实验不足导致的，而我国初中物理与日本、美国等国家相比，实验时间明显偏少，如日本初中物理仅75个课时，但需要学生自己进行的实验和演示实验加起来达到了120个之多。

《义务教育物理课程标准》"实施建议"中，把培养学生的科学探究能力作为一项重要指标，建议教师要多进行探究式教学以帮助学生清楚理解提出问题、猜想与假设等科学探究的方法，培养科学探究的能力。通过物理实验或实验的改进与创新，能更好地培养学生的科学探究能力。《义务教育物理课程标准》还指出，要发挥实验在物理教学中的重要作用，需要正确认识物理实验的教学目标，注意把握实验教学的特点，合理开发实验教学的课程资源。教师应通过各种途径开发实验课程资源。教师可用已有的实验器材进行实验教学，也可用效果更明显、实验误差更小的新实验器材进行实验教学，还可让学生了解一些新的实验技术。同时，应大力提倡用身边的物品做实验，例如，使用饮料瓶等日常用品进行物理实验，这样既可以拉近物理学与生活的距离，让学生深切地感受到科学的真实性，又可补充实验课程资源，有利于增强学生的创新意识。所以对力学实验的改进与创新是很有必要的。

二、实验改进与创新的原则

（一）科学性原则

物理知识具有很强的科学性、严谨性和逻辑性，所以在进行实验的改进和创新时，必须把科学性原则作为初中物理实验改进与创新的第一要素。确保实验改进的原理科学正确，确保改进的操作过程科学精准，确保改进的方案科学合理等，都是科学性原则的要求。实验的改进与创新必须首先满足科学性原则，才能科学合理地把改进与创新进行下去，才能正确地体现出物理知识的基本概念或规律。

（二）直观性原则

初中学生好奇心强，喜欢实验，所以提升实验的直观性能很好地吸引学生的注意力。初中物理实验的演示实验居多，但是如何才能使实验展示的效果直观且明显，是在实验改进中必须不断探究的问题。实验是服务于教学的，所以在课堂上不能照本宣科地读实验，要尽量让所有学生都对实验过程和现象一目了然。例如，可以通过改变颜色、大小、快慢等方式来突出实验的效果，使其更加直观。

（三）安全性原则

如果实验操作复杂且烦琐，那么实验安全问题出现的概率就会增大。不论是演示实验还是学生实验，都必须关注实验的安全性问题，安全性原则是实验能否成功的一大重要前提。学生在学校学习知识的同时，也必须要健康快乐地成长。在进行实验课之前，教师要检查好设备的安全性，排除外部条件的干扰，避免存在安全隐患。在实验过程中，确保学生能在正确的操作下，安全地完成实验。在实验的改进与创新过程中，同样必须保证实验的安全性。例如，在水的沸腾实验中，通常为了节约课堂时间而采用试管来进行实验。使用试管的加热时间短，气泡变化很明显，但是试管散热非常慢，水沸腾后可能会出现"暴沸"的现象。如果学生不小心操作会烫伤自己或同学，存在很大的安全隐患。如果我们采取盛有少量温水的烧杯来替代试管，再在烧杯下垫上石棉网，就会使实验的过程安全很多，同时也能保证实验的现象清晰明了。

（四）简易性原则

初中生的实验操作能力远远不够，所以对于初中物理实验的改进来说，改进的实验必须要简洁、易操作。简易性原则包括两个方面：一方面是指实验器材的选取要简易；另一方面是指实验的操作简便，通俗易懂。在初中物理教学中，如果简单的器材就能很好地让学生理解知识，就不需要耗费极大的精力和时间钻研高端的器材。学生用自制的仪器虽然经常出毛病，但能比用仔细调整好的仪器学到更多的东西。因为学生易于依赖仔细调整好的仪器，而不敢将其拆成零件。

对实验的改进可以说是一个累积的过程，在一线教师、学者的不断努力下，才能使实验更加符合物理的教学。通过对实验效果不佳、容易失败的力学实验的改进，补齐原实验方案中的短板，能够帮助学生理解初中物理的公式、规律。当前实验教学存在以下一些问题：实验课的纪律很难维持，比较吵闹；实验效果不佳会阻碍学生对物理公式、规律的理解；实验现象不明显会影响理解物理规律、本质、公式。

第三节 初中物理电学实验教学

一、实验教学理论

（一）杜威"从做中学"

教育是培养人的一种社会活动，其社会职能是传递生产经验以及社会生活经验，可促进人的成长。教育的根本目的是育人授知。传统的教育方法注重对知识的教育，轻视实践教育，在这种环境下，学生普遍养成了对知识的机械学习。针对这种现象，杜威提出"从做中学"这一教学理论。因此，一线教师需要通过动手做来启发学生去思考，从而使学生学习到新知识。杜威把"从做中学"应用到教学过程中的各个方面，如教学过程、教学方法、教学组织形式等，都以"从做中学"的要求为基础。在实验教学中，教师可以通过实验向学生传授科学的思考过程及方法，对学生的认知结构进行改造。

（二）物理实验教学的必要性

实验在物理教学中有着不可替代的作用。实验能培养学生的兴趣和激发学生的求知欲，这主要有两个原因：一是实验具有真实、直观、形象和生动的特点，物理实验有很强的吸引力；二是中学生的性格活泼好动，对有趣的物理实验，其注意力会高度集中，也乐于从实验中获取新知。实验是一种有目的性的操作行为，学生观察实验，自然也会产生自己动手的欲望。因此多让学生动手做实验，不仅可以满足学生操作的愿望，而且可以让学生获得学习的成就感。"热爱是最好的老师。"有了学习的兴趣，才谈得上学习的积极性、主动性和创造性。

（三）电学实验教学的作用

电学在初中阶段都具有非常重要的地位，中考题中，有将近40%的试题都是有关电学的，而其中又有一大部分考点是关于电学实验的，电学实验是重点和难点，也是学生的丢分点。新课程重视学生实验能力和探究能力的培养，段金梅在《中学物理教学法实验》中指出，物理实验能力是指与进行物理实验有关的心理特征。电学中设置了大量的科学探究活动，力争让探究过程涉及的范围更全面。在实验教学中，对一个物理问题的解决可以从多方面角度考虑，如改变电路中电流的方法，可以在用电器两端再并联一个用电器来改变电流，也可以增加电池的数目来改变电流；又如开关位置不同，作用就不同。在并联电路中干路上的开关可以控制整个电路，而支路上的开关只能控制其所在的支路。同一电路既可以探究电流与电压、电阻的关系，又可以用来研究伏安法测电阻。因此，在实验教学中合理引导学生进行归纳总结，可以培养学生发散性思维。

二、初中物理电学实验教学策略

（一）电学实验教学

电学实验教学，其实就是培养学生的动手能力、探究能力和自主观察能力的一种教学，必须根据学科的教学内容，结合学生创造性思维的特点，制定有关的教学策略，从而真正达到教育教学的目标，推进物理学科的素质教育。

（二）实验教学策略

随着新课改的不断深入，越来越多的新教学策略被提出，笔者在阅读了大量的文献后，结合前人的基础，加上自己的经验和理解，总结出了以下几种电学实验教学的策略：

1. 创设教学情境

新知教学活动的开展倘若仅仅从知识传播角度，由教师驱使学生掌握基础知识，这会将学生引入到知识的"泥沼"中，在死记硬背中迷失方向。既然电学实验部分要求进行实验演示和实验操作，那么，在课堂教学活动开展之初，就需要利用多样的方式，将实验内容展现在学生面前，以此吸引学生的注意力，使其在图画、视频等观看中，对实验内容产生探究兴趣，进而投身到实验探究活动之中，为之后有效探索电学实验打下坚实的基础。在"电路的基本连接方式"内容导入活动开展中，笔者在联系新旧知识的基础上，创设了"点亮两个小灯泡"的活动情境，引导学生利用手中的实验材料，如电源、小灯泡、开关等进行连接，看看如何连接可以使两个小灯泡同时亮起来，在这样的情境体验过程中，学生可以充分发挥其主观能动性，在迁移知识的过程中，自主建立对串联电路和并联电路的感性认知。

2. 有效提出问题

提问是教师组织物理教学活动不可或缺的一种手段，有效的问题不仅可以点燃学生的学习兴趣，还可以使其在问题思考、解决的过程中，获得物理思维的发展，尤其在电学实验教学活动开展中，极具探究性的问题可以为学生的实验操作指明方向，还可以使学生根据问题提出假设，设计实验方案，自主动手操作，在验证猜测的过程中，感知物理知识，理解所学。因为电学实验内容较为复杂，直接根据教材内容设计、提出问题，会在一定程度上加重学生的学习负担，面对这种情况，笔者根据新课改的要求，立足执教班级学生的物理学习实际情况并结合教学所需，由易到难地为学生设计问题，提出问题，借此发挥问题的作用，引导学生进行实验探究。以"电阻"为例，在教学活动开展中，教师先直接展示本节课的学习内容：改变电路中电流的大小，结合学生已有的知识储备；提出这些问题：回想我们所学过的物理知识，可以从哪些方面入手，利用怎样的方式改变电路中的电流大小呢？

在如此问题的驱使下，学生会调动其已有的知识储备，积极思考，提出猜测。根据学生提出的猜测，鼓励其小组为形式，合作讨论，制订实验方案之后，再向学生提供实验材料，如铅笔芯、若干导线、金属丝等，引导其运用这些材料，落实实验方案，验证自己的猜想是否正确，同时在观察实验现象的过程中，看看自己能发现什么。如此教学，学生不仅可以在问题的引导下，发挥思维潜力，自主猜想，还可以在实验、探究等一系列活动参与中初步认识到长度不同的导体对电流阻碍的作用，建立对所学的感性认知。

3. 引导科学探究

在电学实验教学活动开展中，倘若教师仍一味地采取讲授法，按照教材内容长篇大论，不仅会违背新课改要求，还会削弱学生的学习积极性，导致课堂教学效率低下，新课程改革标准中立足电学实验教学特点，要求教师在组织教学活动的时候，以"科学探究"为主要方式，运用多样的策略，引导学生自主合作、探究，使其在自主性的发挥下，探索有价值的物理知识，掌握物理实验技能，提升物理实验素养。基于此，笔者在开展物理电学实验教学的时候，融合多种教学策略，如探究、合作、交流等，转变传统的教学方式，引导学生探究，使其真正地体验动手实践。以"导体长度可以改变电流大小"为例，在教学活动开展中，教师为学生提供了不同长度的金属丝，以此引导学生进行动手操作，在实验中，观察连接不同的金属丝，灯泡的亮度会发生怎样的变化。以此现象，总结"导体长度可以改变电流大小"的结论。如此教学，学生不仅掌握了物理探究的主动权，还可以在实验操作的过程中，掌握控制变量法，为其今后自主操作实验积累经验。

4. 拓展生活材料

物理电学教学活动的开展旨在引导学生运用所学的知识解决实际问题。而且，物理课程标准中也明确指出，物理教学活动的实施要走向生活，走进生活，引导学生在体验生活的过程中，感知物理知识，应用物理知识，提升物理学习能力，在传统的物理电学实验教学活动开展中，教师的照本宣科割裂了物理知识与现实生活的联系，使得学生在枯燥、抽象的知识识记过程中，难以对其有深刻的理解。面对这种情况，在组织物理电学教学活动之前，教师不仅要分析教学内容，挖掘其与现实生活的联系，在课堂中以情境创设的方式引导学生回归生活，发挥其已有的生活经验，对物理实验进行感知、探究，加深对物理知识的理解，还要在教学合一的指导下，给予亲身体验生活的机会，使其在生活场景的经历中，灵活运用所学，实现学以致用，同时深刻地认知所学，积累知识应用经验，为其今后有效参与社会生活打下坚实的基础。一般情况下，笔者在组织了电学实验教学活动之后，会根据所讲授的知识，分析其与学生生活的联系，回归生活，引导学生利用生活中随处可见的物品进行实验操作，以此使其在探究型实验、验证型实验等操作中加深对所学的理解，获得动手操作能力的发展。以"电阻"为例，在组织了教学活动之后，鼓励学生利用课余时间，结合学习内容，搜集生活用品，在小组中合作制作一个可以调节亮度的台灯。

　　总之，在初中物理电学实验教学活动开展中，教师要创设教学情境，引发学生探究；有效提出问题；引发学生思考；实施科学探究，引发学生实验；回归生活，引导学生应用知识，从而使学生在亲身参与中，积极思考、探究，通过实验现象把握物理知识，提升实验技能和实验能力。

（三）重视实验探究能力与实验技能的培养

　　科学探究对物理的学习有着特殊的地位及作用。学生在探究过程中不仅能学到科学知识，对所学的内容产生浓厚的兴趣，而且能掌握科学的学习方法，在学习过程中体会成功与失败的感受。在经历失败后，反复琢磨、思考与研究，慢慢走向正确的道路。只有让学生亲历科学探究的整个过程，获得科学知识，锻炼操作技能，进而激发他们对物理学习的兴趣，才能使他们更好地掌握科学的研究方法。在学生进行实验时，教师要合理引导并密切关注学生的实验操作，针对实验中发现的关键问题要组织开展小组讨论，让学生成为学习的主体，真正参与到整个实验过程中。同时，在实验过程中应向学生强调实验安全的重要性。

　　随着新课改的进行，很多物理教师由传统的讲实验变成讲实验探究过程，学生在听过几次实验探究过程之后，能弄清楚科学探究的基本环节，实验探究能力确实会得到提高，但是这种实验教学方法并不利于学生的创新思维的发展，也不利于学生的探究能力的发展。虽然我国大力提倡素质教育，但实际上依然有很多学校为追求升学率还在实施应试教育。中考考什么，教师就重点讲什么。对于一些不考的知识点，很多教师根本不讲，觉得是浪费时间。他们的重心只放在学生的学习成绩上，因为每次考完，学校总要进行评比及格率、优秀率等。我国的新课改已经明确地收录物理科学探究，这样做的目的就是要促进对学生科学素养的培养。在物理电学实验教学过程中，学生学到的不仅仅是物理知识和实验技能，更重要的是他们需要经历这种探究性的学习过程，学会用科学的方法去学习，树立科学的世界观。在物理电学实验教学过程中，教师不能盲目地去培养学生物理实验技能，还要注重对学生物理实验探究能力的培养，否则学生在做物理电学实验时就只会动手操作而不动脑思考，对学生的全面发展是没有益处的。

（四）引入小组合作竞争学习模式

传统的物理课堂大多都是"教师讲，学生听"，这种方式虽然可以在有限的课堂时间里，向学生传授更多的内容，但学生更多的是机械性地记住知识，而不是真正地理解。对于电学，我们不能以这种传统的方式教学，而应改变教学模式，使学生不害怕电学并热爱学电学。在课堂教学中，可以采用分组合作学习的方法，在学生掌握实验原理的基础上，允许他们用不同的器材、不同的实验步骤进行操作实验，这样可以极大地提高学生学习物理的兴趣，发展学生的个性，活跃学生的创新思维，发展学生的发散思维。在每一小组中，由学生自主选出一名组长，组长负责检查每组成员的实验记录、实验报告等，对表现好的成员进行记录并报告老师。组与组进行竞争，同时组员与组员之间也进行竞争，这样可以增强学习的氛围。小组与小组互相竞争，学生的学习效率会大大提高，学习成绩也会有所提升。而且分组实验可以让枯燥的课堂变得更有趣。对于表现优秀的学生和优秀的小组，教师要给予一定奖励，这样既可以提高学生的自信心，又可以培养学生的集体荣誉感。

第四节　基于日常生活用具的物理实验教学

一、基于日常生活用具的物理实验教学的优化策略

实验是物理教育中不可或缺的一部分，而基于日常生活用具的物理实验进行实践后，证明对提高学生的物理学习兴趣和物理成绩是有效的。基于日常生活用具，从三个方面——演示实验、学生实验、课外实验来优化初中物理实验，提升实验的效果，让实验真正成为初中物理教育的重要部分。

（一）优化基于日常生活用具的演示实验

演示实验是中学物理实验教学的重要组成部分，它是建构物理概念，揭示物理规律，理解和掌握物理知识不可缺少的环节，同时还能培养学生的观察能力、思辨能力。对初中生来说，成功的演示实验更加容易活跃课堂气氛，调动学生学习的积极性，所以教师对演示实验的组织很重要。

演示实验最基本的要求是易完成、易操作，最重要的是效果明显、现象清楚。在给学生做演示实验前，教师事先做一遍，观察实验效果是否明显。为了尽量把实验现象放大，让每个学生都能观察到，可以使用一些"夸张"的生活"道具"。例如，在上"气体的压强"这节课，讲授大气压存在时，教师通常会演示这个实验：拿一个小的空矿泉水瓶，然后往矿泉水瓶中倒入热水，然后把热水倒出，迅速把瓶盖盖上。矿泉水瓶在大气压的作用下，会被压扁。虽然矿泉水瓶被压扁，但压扁现象不明显，离讲台远的同学看不清楚。将这个实验改进，把小的矿泉水瓶换成大的饼干铁罐，把一小团蘸有酒精的棉花点燃投入铁罐中，迅速把饼干瓶盖盖上，然后在铁罐的外面淋水，铁罐迅速变扁了，还伴有咔咔的声音。效果很明显，有声音，还有铁罐形状的变化，能令学生记忆深刻。

如果没有准备好比较"夸张"的"道具"，也可以利用投影仪来放大实验现象，尽量让每个学生都知道教师在做什么，从而真正发挥演

示实验的作用。例如，"渐渐出现的硬币"，将杯子放在桌面上，杯底放一枚硬币，慢慢移动杯子直至看不见硬币，向杯中加水，硬币又神奇地出现了。此实验器材简单、操作容易，且实验效果好，适合作为光的折射教学中的引入。但因为教师与学生所处位置不同，视角不同，不方便做演示实验。教师在教学中可以配合实物展台，用实物展台的摄像头代替眼睛，完成这个实验。

（二）演示实验改为学生实验

演示实验易完成、易操作，效果明显，但也有它自身的缺点，比如只有教师或学生代表演示，参与的学生少，学生的参与度低，学生被动接受知识，学习积极性不高，还有些纪律性较差的学生，开小差，甚至讲话，影响课堂纪律。把演示实验改为学生实验，学生参与到实验中去，学生的参与度可以大大提高。

二、用生活用具做演示器材

物理演示实验教学中，尽量使用可乐瓶、易拉罐、饮料吸管等生活中常见的物品来做实验，学生的课后作业也因地制宜地引导学生关注周围的生活，如游乐场中的物理现象、交通工具中的物理现象等。把一些与学生日常生活密切相关的事物引入物理课堂，增加学生对物理课的亲切感，又有助于学生运用物理知识、科学探究方法、实验技能解决学习、生活中的问题，学以致用的同时增强学生学习物理的兴趣、动脑思考的兴趣。

选取生活用具，让学生亲自动手实验。例如，在讲机械运动时，有的学生对运动的相对性难以理解。笔者以教室里的人和物为例，选甲乙两同学，以相同的速度，并排向前走，以讲台为参照物时，甲是不是运动的？以乙为参照物时，甲是静止还是运动？引导学生思考。然后再让每个学生拿一支笔放在作业本或书本上，移动作业本或书本，以课桌上的物品作为参照物时，笔的运动情况是怎样？以笔下面的作业本或书本作为参照物，笔的运动情况又是怎样？让学生在动手过程中动脑，使学生对所选参照物、运动的相对性理解得更加深刻。

（一）用生活用品增加学生实验的体验感

体验性实验就是打开探究物理世界大门的钥匙，让学生通过体验来理解、认识某个物理规律。教师在组织学生体验活动时应重视体验活动的可操作性和参与度。例如，在组织体验液体压强的存在时，教师让学生手上套上一个保鲜袋，再将手伸入水中，感觉到手被保鲜袋紧紧压住了。保鲜袋是生活中平常且不起眼的物品，让每个学生手上都套上保鲜袋，插入水中，感到水在压着手，而且手越往下，被压住的感觉越强烈。这样每个学生都能体验到液体内部的压强，增加了学生的动手机会，亲自体验到液体内部的压强，增加了学生学习物理的积极性。

（二）利用日常生活用具，增加实验的趣味性

初中物理教材中安排的实验很多都是"验证性"的，很少出现"探究性"的实验，这就使得学生在实验时觉得单调、乏味。因此教师在优化教学方法的时候不妨增添一些与学生日常生活息息相关的探究性实验。例如，在讲压强之前，先做一个趣味比赛。请两位同学站上讲台，比赛规则是在相同的时间内（两分钟）看谁往木板上按的图钉多，谁就赢。事先教师把一部分图钉的尖磨掉，将这些磨掉尖的图钉给力气大的同学，把好的图钉给力气小的同学。两位同学在全班的加油声中开始比赛。最终的比赛结果是：力气大的同学按了5颗图钉，力气小的同学按了10颗图钉，比赛的结果出人意料。通过开展类似的比赛，使课堂气氛热烈，为教学创设情境，让学生感受到物理实验的趣味性，提高教学效果。

第五节　趣味物理实验在初中物理教学中的应用

一、趣味物理实验开展的必要性分析

（一）加强学生学习物理的动机

动机由诱因与需要构成，在正常的课堂教学中，活跃的课堂气氛和教师激励的语言都可以构成诱因。依据马斯洛需求层次理论的描述，可以说明学生的需求是有层次的，缺失性需求是生存性需求；成就性需求是基础性需求之上的需求，能够完成自我价值的体现过程。在低层次需求得到满足的基础上，学生个体都有热烈渴望成功的想法，有自我实现需求的动机。在外界诱因的刺激下，学生产生了自我表现的欲望，形成强烈动机，教师要注意引导学生将这种动机应用到实验过程中。教师要通过合适的引导和刺激使学生维持比较合适的动机水平，提高任务完成的效果。在遇到障碍时，可以适当调整心态与方式，使得学生能够顺利完成任务。鼓励学生，调动学生内在的主动性，发动学生参与到各个物理实验中。动机的满足来源于物理学的学习和探究，不在其他。它是由学生具有好奇心与探究世界的倾向，通过不断学习物理取得成功形成的。外界的刺激强化了学生在学习过程中学习物理的内部动机。

（二）趣味物理实验的功能与价值

无论什么样的物理实验，最终的目的都是让学生理解物理知识、学习物理知识，因此要注重物理实验所具有的功能与价值。

物理实验教学要向着培养学生的想象力和创造力的方向出发。趣味实验中蕴含着丰富的物理知识，这些物理知识都是无形的，是通过物理实验表达的，因此在进行这些物理实验的同时就需要学生拥有很好的想象力，通过观察身边的生活现象来发现生活中的物理，思考这些生活现象背后的物理原理，从而利用自身的想象力创造出一个新的物理实验。这种让学生参与其中的趣味实验能够让学生不断地思考，通过自己发现问题，自己分析问题，自己提出解决问题的手段，从而获得物理知识。整个过程对于学生的素质要求非常高，除了要求学生具有非常强的想象力，将生活中实际的现象抽象出深刻的物理意义，还需要学生具有很强的创造力，利用自己的动手能力、思维能力、组织能力去创造出一个新的物理实验。

这种趣味的物理实验过程也能够极大地锻炼学生的逻辑思维和反应能力，以及严谨观察、灵活变通的能力，所以应该鼓励学生参与趣味物理实验，找到生活实际与物理知识两者之间的联系。物理就是生活中的科学，物理现象也基本源于生活，因此物理实验是与生活实际紧密相连的。这就启发我们在进行物理教学时应该利用这一点，去紧密联系生活，让物理实验更有意思，更有趣味，更吸引学生，这样的物理才能成为生活中的物理，而非仅仅是书本上的物理，这样的物理才能真正被学生所接受，这样才能真正影响学生的生活。

让所有学生体会到物理与生活息息相关是不容易的，因为很多学生一提到物理就会感到厌恶，认为物理对于逻辑思维和数学计算要求很高，他们没有真正认识到物理对于生活的重要意义，也没有将生活实际与物理知识紧密结合。这时，趣味物理实验就将成为一个很好的纽带，连接物理学习和生活，学生能够转变思维方式，去热爱生活，热爱物理，学习物理也就不再是一件枯燥无味的事情了，所以教师应积极将物理实验与生活实际联系起来。

教师要因势利导地帮助学生努力搭建实践的平台。当学生认识到物理知识与生活实际紧密相连时，教师就更应该积极引导学生去亲自发现生活中的物理现象、物理问题，让学生亲身参与到物理知识的学习中来。学生通过对生活中物理现象的观察，有了对于物理的一些感性认识，而趣味物理实验的设计可以让学生更加深入地去思考物理问题，去动手、动脑亲自解决生活中的物理问题，这就为学生搭建了一个参与物理实践的平台。这个平台对学生的锻炼是多方面的，能帮助学生从感性认识转变为理性思维，能够让学生通过生活实践去理解物理规律，真正理解物理知识。

因为趣味物理实验对于实验器材等要求较低，门槛也较低，所以无论学生所处的地区是贫困还是富裕，是发达还是落后，都能够进行趣味物理实验，这样能够保证每个学生都能参与到物理实验中来。

一定要提升教师对于生活中物理现象和规律的思考。物理教师对于物理的认识极大程度地决定学生对于物理的认识，如果老师不能意识到物理是来源于生活，物理现象都是生活中的现象，那么就很难引导学生去理解生活中的物理现象，物理这个学科最重要的特点也就被忽略了。

趣味物理实验使得教师能够增强自身对于物理教学的理解，充分通过物理实验来培养学生的能力，最大限度地发挥物理实验应该具有的价值，也就是说，教师应该在这个过程中有更多的思考，要认识到物理的学习不是要采用最先进的实验设备，而是要用最容易理解的实验向学生讲述最具有价值的物理知识。

趣味物理实验的设计者主要是教师，因此教师是决定趣味物理实验能否顺利实施的关键，只有当教师提高了对于生活中的物理现象的认识程度，才能设计出有意思、易操作、具有创造力、能够培养学生多方面能力的趣味物理实验，这样才能真正实现物理课程的改革，否则物理实验依旧是枯燥无味的，物理课程改革也只是说说而已。就目前的情况而言，师资问题已经成为影响实验教学改革进程和发展的重要制约因素。大多数中学，都会面临着这样的困境：具有高等学历的教师通常都缺乏实际的动手和传授经验的能力；而有着实际工作经历的教师，以及有着超凡的实验能力和传授方法、总结经验的教师，却没有比较高的学历和学识，因此具备高学历、动手能力强、实验经历丰富、具有足够多实际工作经历的教师人才十分稀缺。针对这样一个难题，如何培养成了重要课题。当下，这一问题可以通过向外校派遣教师进修来缓解，更好的办法是能够将具有高学历、动手能力强、实验经历丰富、具有足够多实际工作经历的教师人才吸收到学校当中来。与此同时，可以加强对专任实验教师的能力培训，可以定时组织学校交流活动，让教师们在一起，互相取长补短，填补双方的不足。此外，还可以从其他学校聘用有知识、有能力的高精尖人才教师加入定期的探讨会中，给教师们加以辅导，从而构建起结构合理、实验能力强、培养学生到位、特色鲜明的教师队伍，最终实现教师队伍的实验教学水平不断提高，上升到新的高度上去。

二、趣味物理实验开展的可行性和设计原则分析

（一）趣味物理实验开展的可行性

基于以上论述，由于趣味物理实验本身的优势特点，其在中学物理教学中的开展具有可行性。趣味物理实验取材容易，大部分材料教师和学生可以自己制作，耗资少，不会对学校实验设备资金预算增加额外负担；取材来源于生活，可以更广泛地发动学生参与实验前期的准备工作；取材简易且具有普遍性，与生活结合紧密，突出物理原理与生活实际相结合的思想。操作简便，实验现象直观明了；实验成功率高，占用时间少，不会对完整教学计划造成大的干扰，适合纳入课堂教学。

趣味物理实验的科学性强，包含深刻的物理规律，可以巩固学生知

识，拓宽学生视野；既能满足学生好奇、活跃的心理，又能促使他们更好地掌握物理知识；趣味性强，与中学生好动、活泼、好奇心强的特点相辅相成，容易激发学生的求知欲望，培养学生学习物理的兴趣；适应新课程改革理念，新课程改革对学生学习目标的过程与方法强调，要注重过程的探究和参与，掌握科学的思想方法，趣味物理实验正是建立这样一个平台，适合学生的发展。

（二）趣味物理实验教学的设计原则

根据物理实验教学的要求和实践经验的总结，趣味物理实验应该具有目的性、简单性、参与性、熟悉性和相互关联性等原则，这样才能保证实验达到所要达到的目的和要求。

1. 秉承目的性原则

进行物理实验设计时，最应该确定的就是实验目的，只有将实验目的确定了，才能更好地进行实验的过程设计；而对于趣味物理实验来说，把握住这一点更为重要，因为趣味实验很容易在追求趣味的同时忽略了实验应该达到的目的。这就要求实验设计者有效利用身边的物品，在物理实验目的的指引下去设计趣味物理实验。在确定趣味物理实验的目的时，应该注意到除了应具有传统物理实验所需要达到的让学生理解物理原理的目的外，还应该具有培养学生综合素质、引发学生学习兴趣、提升学生合作和沟通能力的目的，这些是趣味实验不同于传统实验的，也是趣味物理实验的独特之处。

2. 秉承简易性原则

简易性要求趣味物理实验在设计时要考虑实验过程尽量简单、原理也尽量简单，过于复杂不利于学生接受新的物理知识。同时，简单的物理实验所使用的材料也应是比较简单的，一般是生活中常见的物品，学生在进行物理实验时也更具亲切感，更容易独立自主地进行实验，这样简单的实验也能够满足学生动手操作的需求。同时，只有简单的物理实验过程和原理才能更加突出物理的实验目的，否则学生很容易陷入对物理实验过程的纠结中，而忽略了进行物理实验最重要的一点——理解物理实验的目的，也就是理解物理实验背后的知识。通过总结，可以发现越简单易于操作的实验，越容易被学生所接受，越能够激发学生学习的热情。

3. 秉持参与性原则

一般说来，要明确设计趣味物理实验的目的——让学生更好地学习物理知识，让学生能够真正地参与到物理知识的学习中来，因此在进行趣味物理实验设计时就需充分考虑实验的可参与性。这个参与性包括教师对学生的引导，充分调动学生参与的热情，还包括引导学生一起参与实验的设计和实验用具的制作，这样的参与感让学生也成为实验的设计者，让学生成为课堂的主人；而要学生参与实验的设计、实验用具的制作就必须让学生熟悉实验的目的，同时观察生活中的实验现象，有兴趣、有参与的愿望，这样才能够培养学生的动手能力、动脑能力、沟通能力、观察能力等。

学生的参与不仅仅能学习到书本上的知识，更能学习到很多课本上学习不到的知识，这也是对学生面对问题、解决问题、处理困难和面对挫折能力的培养，这种亲身参与的实验过程会让学生更有感触，能够让学生积极与其他同学合作，也增加了与他人接触的机会。通过这种参与，学生对于自身也有了更加深刻的认识，了解了自己擅长什么、不擅长什么，进而培养学生独立自主的价值观。

4. 秉承熟悉性原则

在选取趣味实验的实验器材时应该注意遵循熟悉性原则，这是因为对于生活在不同地区和生活环境的学生来说，他们每天接触的生活物品差距很大，这也让他们对于不同的物品的熟悉程度不同。同时，生活在不同地域也决定了他们可能每天观察到的自然环境不同，这些差异都决定了他们可能对于事物的认知存在的差别，因此要让他们对于物理实验能够感同身受，就必须设计出适合他们和他们所熟悉的实验，尤其是对于趣味物理实验这种本身就立足于让学生参与其中的实验，在实验器具选取、实验过程确认时更要注意做到熟悉性原则。例如，男生可能对赛车等玩具比较熟悉，而女生可能就不太熟悉，所以如果设计的实验是关于赛车玩具的，那么女生可能就会比较陌生。家庭条件的好坏也可能会使得学生对于不同物品的理解不同，农村家庭的学生可能对于土壤等理解深刻，而生活在城市里的学生可能对于照相机等这类高科技产品的性能理解比较深刻。所以，教师在进行实验设计的时候一定要注意考虑学生比较熟悉的东西是什么，不熟悉的东西是什么，从学生的角度出发选取合适的实验材料，这样才能真正地设计出学生熟悉的趣味实验。

5. 秉承相互关联性原则

相互关联性是指趣味物理实验中所涉及的物理知识和物理原理，与生活中的物理现象相关联，在进行物理教学时，要认识到学习物理的目的是将物理应用到实际生活中，指导人们的生活实践，物理不仅仅存在太空中、宇宙中，更存在于现实生活中，这对于学生理解万物的来源、万物的意义、生活的意义和社会发展的进程、人类的发展都具有深刻的意义。这种与人类的生活进行关联的学习能够让物理的学习过程不再枯燥无味，这种将趣味物理实验的设计赋予生活的气息能够让学生体会到实验的趣味性，也能够帮助学生更加深刻地理解与物理实验相关联的物理原理。

这样看来，通过趣味实验学习物理的过程其实是与身边的世界交流的过程，这种联系生活、联系身边环境的学习能够引发更多的思考，能够培养学生勤于思考，增强对身边现象、事物观察力的能力，从而为实现创新打好基础，因此，进行趣味物理实验设计时需要考虑相互关联性原则。

（三）趣味物理实验后的巩固和深入

在进行完一个趣味物理实验后，需要有针对性地进行事后的巩固和深入研究。因为实验的意图是让学生开发智力后能有所收获和体会，培养出动手能力、参与互动的能力和与生活联系的精神。一般来说，实验最后要落实到生活当中，要让学生了解到每一次的实验都是来源于生活和高于生活的。在实验的过程中，大多数的实验地点都停留在固定的教室里或者固定的活动室内，而且完成的时间大多数也是固定的，在这样一个受限制的条件里如何有效地进行实验是有挑战的。在这样一个空间和时间中，完成实验后需要进一步地进行巩固和思考才能最终体现出实验价值，体现出实验的目的。在完成实验后，有必要让学生认真地思考和总结，最好能够让学生主动去写出实验后的心得体会，总结出经验和方法，只有经过这样的工作后，才能算是完整地进行了一次实验。教师可以因势利导地帮助学生写出一篇有含金量的实验报告，让学生通过实验报告的形式再一次进行感悟和能力提升，切实地提高学生的科学素养和能力。在此之后，还应当针对同样的生活现象进行总结，做到举一反三的效果。鼓励学生认真总结出生活中相似的场景和现象，主动去归纳整理这些场景和现象背后的物理意义，去深入地挖掘可以挖掘的内涵，不要让学生仅仅停留在动动手、动动嘴的表面上，推动学生去思考和探究。经过这样一番探究和总结后，学生相信可以解决生活中类似的问题和现象，在现象中找到对应的物理的应用价值，最后实现能够解释生活现象和生活问题的最终目标。在巩固知识的同时，还要注意帮助学生设立适用于家庭的实验作业，搭建生活场景，刺激学生的每一个思考细胞，鼓励学生关注生活，探究身边的物理学，完成边做边思考、边学边利用的教学结果。这里需要着重加以注意的是，在留下"课后作业"后，要让学生按照规范和步骤有条不紊地进行合理实验，注意过程中的安全问题。

三、趣味物理实验在物理教学中的应用

建构主义认为，知识的习得是由学生在已有知识和经验的基础上进行同化和顺应，而这一过程是学习者在一定的情境或者社会文化背景下，借助他人（包括教师和学习伙伴）的帮助，利用必要的学习资料，通过意义建构的方式而获得知识。因此每个学习者应基于自己与世界相互作用的独特经验和赋予这些经验的意义，去建构自己的知识，而不是等待知识的传授。以建构主义理论为依据的新课程标准要求教师改变过于强调知识传授的倾向，努力培养学生积极主动学习的态度，使学生获得基础知识与基本技能的过程成为学会学习和形成正确价值观的过程。

概念的提出是概念教学中的一个重要组成部分，要想激发学生的学习兴趣，使他们的学习思路步入正轨，就必须把引入概念这个工作做好，从而对学生更好地理解和把握概念产生积极的影响。创造良好的局面，通过演示实验、对实际的图像和场景再现的分析等，为学生创造一个良好的求知情境，帮他们更轻松地学习。

教学中应该通过创建一个轻松愉快的学习物理概念的情境，利用有趣的实验，充分发挥学生的主观能动性，让学生自己发现物理概念学习中的乐趣。基于某些物理概念的相似性，精心设置教学环节，引导学生深化对这些物理概念内涵和外延的理解，并通过练习检测他们对

概念的理解和运用。在教学中要尽可能多地提供让学生感兴趣的设计，并触及核心概念，当学生有足够的感性材料，充分认识到这一概念的必要性，那么这个概念的提出就很自然了。

学生动手在趣味实验中找到自己的问题，进而加深对物理概念的认识，最好是从生活中的事物着手，培养学生发现问题并通过自己的研究、讨论解决问题的能力，这样既能激发他们学习物理的热情，又能增强他们的自信心。当然学生遇到困难时，教师需及时点拨和给予指导，带他们走出困境。教师的指导作用还体现在对基本概念、实验设计、过程、结果的预见等旨在刺激学生参与的教学策略的处理上。

第六章 基于层次分析法的初中物理实验教学评价

第一节 中学物理实验教学评价的理论基础

一、教育评价

(一)教育评价定义

早在20世纪40年代初,泰勒就将教育评价解释为确定教育目标在实际上被理解到何种程度的过程。这是初期对教育评价的定义,是按照教育目的来评估教育结果达到教育目的的程度。20世纪60年代,克龙巴赫认为评价是为决策提供信息的过程。这一说法提高了评价的意义,评价不只能衡量学习者的程度,还能帮助决策者选择。从20世纪80年代初,我国教育学者通过学习研究教育理论,认为教育评价是评价学习过程。评价能判断学习者的学习程度,要以教育目标为依据,运用科学的手段完成评价。随着教育者对教育评价认识的不断深入,我国教育界把教育评价定义为:教育评价是根据一定的教育价值观或教育目标,运用可行的科学手段,通过系统的信息收集、分析解释,对教育现象进行价值判断,从而为不断优化教育和教育决策提供依据的过程。也就是说教育评价是通过科学的手段和方法,以教育政策、标准和教育目标为评价内容,对评价对象进行评估、判断的教育活动,教育评价属于教育整体中的一个重要组成部分。

(二)教育评价功能

教育评价有五项功能:一是导向性功能,教育评价在一定程度上能指引被评价对象向符合教育政策、标准和教育目标的方向上发展,如物理学实验中，对学生进行实验评价，如果学生在实验操作方面得到的等级总是很低，那么该学生会在实验操作方面更加努力动手学习，进而不断地完善自己的实验能力。二是监督检查功能，教育者可以通过持续性的教育评价来判断学生对某个知识或问题的学习程度，了解学生学习的情况，便于对学生的学习进行监督和帮助。三是激励功能，教育评价能激发被评价对象的竞争意识，促使被评价对象强化学习。四是筛选择优功能，教育评价能判断被评价对象达成设定教育目标的程度，能区分等级。五是诊断改进功能，教育评价能找出被评价对象存在的问题，有利于被评价者改正、进步。

（三）教育评价的基本原则

教育评价的原则：方向性原则，教育评价有导向性原则，起到指挥棒的作用，评价者要根据教育政策、标准、教育学理论等编写教育评价；公平性原则，教育评价的评价指标、标准、权重统一，评价过程公开透明；客观性原则，教育评价要实事求是，过程严谨，运用科学的评价方法，避免评价者的主观因素影响评价结果；科学性原则，教育评价要符合教育的客观规律，要动态评价与静态评价、注重过程与结果的结合，是多角度全面的评价；可行性原则，教育评价要有可操作性，不能过于复杂，评价的准则和标准要明确，要易于推广和应用；指导性原则，教育评价不是为了评价而评价，应该是为被评价者指出问题和指明方向。

（四）课程标准要求

《全日制义务教育物理课程标准》中关于学生学习评价的建议：强调评价是为了促进学生的全面发展，提倡多样化的评价方式，重视学生在物理活动过程中的表现评价，物理是一门自然科学，评价中应该尊重客观事实，尊重学生个体的差异性，不过分强调评价的标准化。

学生学习评价包括三个方面：一是评价目的，评价的目的是促进学生的发展，包括促进学生个性的发展，符合当前课程改革的思路，一切为了学生的发展。通过评价，每个学生都能看到自己的优势和不足，既能肯定学生的成绩，也能指引学生的努力方向。与此同时，评价结果也为教师提供了教学依据。二是评价内容，评价内容与课程标准一致，包括知识与技能、过程与方法、情感态度与价值观。三是评价形式，学生评价在教学中应该是持续性的，单独评价一次学生实验，没有后续，实际上对学生来讲该评价是浪费时间，没有实际意义的，所以要鼓励教师和学生进行持续性评价。为避免学生死记硬背，评价应该注重学生思维能力的培养，避免设置很多记忆类的题目，笔试应该是开卷和闭卷相结合的。最后，评价结果的呈现尽可能避免只是等级或者分数的区分，这样学生看不到自己的问题出在哪里，评价也就失去了意义。例如，评价者如果把学生实验中的测量仪器使用情况的权重和情感态度价值观的权重相加，那么得到的结果没有意义，所以，评价者要把形成性评价和中介评价相结合使用。

二、理论依据

（一）建构主义理论

建构主义起源于20世纪著名心理学家皮亚杰的认知结构说，他的基本观点是儿童在与周围环境的相处中，建立起对外部世界的逐渐认识，从而丰富、深化了儿童的知识结构，斯腾伯格和卡茨等学者把人的个体主动性在个体建构认知结构过程中提到很高的层次，强调个体的主观能动性在构建知识结构中的强大作用，维果斯基在此基础上提出了著名的"最近发展区"理论，这些教育理论的发展使建构主义理论逐步完善。教学中，建构主义也被称为结构主义，核心是"以学生发展为中心"，重视学生对知识主动地探索过程，主动地构建、完善知识结构。

建构主义所蕴含的教学思想主要反映在知识观、学生观、师生角色定位及作用、学习环境和教学原则等各方面。建构主义认为知识不是人们对现实社会的反映，而是人们对客观世界的一种假设，这些假设会随着人们不断深入地认识世界而改变、发展，知识是发展的、运动的，在具体问题中获得的知识并不意味着正确，每个学习者根据自己的认知结构和背景经验对知识的理解是不同的。

建构主义认为学习者遇到问题时，是在原有的认知结构基础上提出解释和假设的，学生在学习以前不是一张白纸，学生的学习是在原有认知结构的基础上主动的学习行为，而且学生与学生个体间的原有知识结构不同，教师应该重视、尊重这种差异性，积极引导学生自主学习。建构主义认为，教师是学生学习知识的引导者和合作者，教师可以为学生创设真实情境，引导学生通过在预设情境中通过实验、探究、合作交流等方式进行学习，教师在学生学习的活动中负责引导、帮助学生，教师是学生建构知识的引导者和帮助者，学生是主动学习的知识建构者。

建构主义认为，学生学习知识是在一定情境下，通过意义构建而得，教师设置的情境要有利于学习内容的意义构建，整个学习活动中，师生、生生是协作、交流的关系。所谓意义构建是指教师通过创设情境帮助学生理解学习过程中实物的性质、规律与其他事物之间的内在联系。学习任务的设计要贴近实际，适应社会生活；教学目标要贴近学生学习环境，问题要贴近学生个体；学习任务的设置要力求贴近学生的真实生活；设计能够反映学生在学习结束后就从事有效行动的复杂环境。学生是解决问题的主导者，教师提供适度帮助、引导；创设能引起学生思考的情景，培养学生的思维能力；鼓励学生在解决问题后自我检测；培养学生反思能力，培养、提高学生的创新能力。

（二）多元智能理论

多元智能理论是1983年美国心理学家霍华德·加德纳提出的。传统意义上，学校主要关注学生在逻辑思维能力和语言能力两方面的发展。加德纳认为，人在某种特定情境中解决问题并有所创造的能力是智能，而人的智能不只包括传统意义上的上述两种智能。加德纳在《智力结构》一书中指出，根据学生个体独立存在的个性、在某知识领域的水平和知识范畴，应该主要包括八种智能。

新课程改革中，多元智能理论被广泛应用于各类教育教学评价中，从不同方面测量学生的发展，充实了评价标准的内容，能更全面真实地反映一个学生的能力。加德纳在《智力结构》一书中提出，人的智能至少包括八种智能。

语言智能，即语言能力，听说读写、表达、与人交流的能力。在物理实验中，学生遇到问题如何描述，如何总结实验结论，学生如何与组员、教师交流，表达自己的观点和困惑等，这些都是语言智能在起作用，所以在实验教学评价中语言智能是重要的一环。

逻辑数学智能，即应用数字能力和推理能力。在物理实验中，学生提出问题、猜想、设计实施实验、分析数据、总结规律，对物理属性进行测量、归类等都能反映出学生的逻辑数学智能，所以逻辑数学智能是实验教学评价的标准内容之一。

空间智能，即人类对线条、形状、结构、色彩和空间关系的敏感性很高，能通过平面、立体图形将人的感知表现出来的能力。在物理实验教学中，学生需要观察物体的形状、色彩、状态等的变化并进行分析，考察的就是学生的空间智能。

肢体运作智能，即运用双手灵巧地生产或改造世界的能力。在物理实验教学中，这种智能主要体现在学生的动手能力上，如是否能准确测出某物体的长度，是否能正确连接测量小灯泡实际功率的电路，是否能测量出教室的温度。当然，动手的同时一定要伴随着动脑，所以，肢体运作智能在实验评价中也很重要。

人际智能，即人类处理人际关系的能力，包括组织能力、协调能力、分析他人情感的能力、人际联系能力。在物理学生分组实验中，小组需要分配、协调各成员的任务，各司其职，相互沟通、合作，才能顺利地完成实验内容。

内省智能，即人类能正确地认识自己，了解自己的长处和短处。在物理实验教学中，学生能及时意识到自己的错误并改正，在实验后能反思实验中存在的不足和自身存在的问题，这些都是内省智能，实验评价中对学生反思的评价指的就是这一点。

自然探索智能，即人类认识事物和自然环境的能力。在物理实验教学中，具体表现为学生严谨、尊重事实、热爱科学的态度，主要体现在学生的情感态度和价值观上。

第二节 基于层次分析法的初中物理实验教学
评价体系构建

一、层次分析法的基本理论

（一）层次分析法定义

层次分析法（简称AHP）是由美国匹兹堡大学教授T. L. Saaty 在20世纪70年代提出的，它是一种通过定性问题定量计算来分析影响问题的因素所占权重的方法。它的基本原理是：面对实际相对复杂的问题，将与该问题有关的因素进行递进式分层，然后将每两个因素都进行重要性对比，通过矩阵进行数学计算，确定因素对上个准则层或者目标层的权重，从而将影响实际问题的因素根据权重进行排序。层次分析法最初提出是为了解决美国国防部"根据各个工业部门对国家财富的贡献大小而进行电力分配"的课题，这种方法解决了很多不容易定量分析的问题，适用于军事、教育、金融、科学研究等多方面。

（二）建立层次结构模型的基本步骤

层次分析法的基本步骤是：在透彻分析问题后，将影响问题的因素分解为若干层（如图6-1），同层因素从属于上一层，同层每个因素各自包括下一层因素，最顶端为目标层，其余为准则层，这样就建立了基本的层次模型。

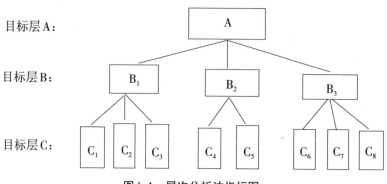

图6-1 层次分析法指标图

二、实验评价

(一) 实验评价目的

初中物理教材（人教版）中的实验内容，包括演示实验、分组实验、想想做做、想想议议。其中演示实验在引入课程或者引入新的知识点时最多，大部分由教师完成；分组实验需要学生去做，初中生的实验能力主要是通过分组实验培养。本节研究的是学生分组实验的实验评价体系。学生分组实验评价的目的是促进学生在知识与技能、过程与方法、情感态度与价值观三方面的发展，挖掘学生更多的潜力，关注学生个性的发展，通过实验评价，学生能建立自信，看到自己的进步和需要努力的不足之处。实验评价同时也为教师提供了真实的数据，以改进教学，实现教学相长。

(二) 实验评价内容

实验评价的内容应该与课程目标一致，包括理论研究、课程标准，从知识与技能、过程与方法、情感态度与价值观三方面设置具体的影响因素的内容和评价标准，利用层次分析法计算，分析权重，建立实验评价体系的核心。

(三) 实验评价的形式

实验评价的形式要多样化，提倡学生能将自己在分组实验中的优秀表现、创新点、解决问题等情况记录下来；提倡分组实验的评价是实际操作与笔试相结合，笔试是开卷与闭卷相结合的方式；提倡为学生记录实验档案，记录学生实验的进步与成长。

初中学生物理分组实验评价就是判断学生对实验掌握程度的过程，笔者结合相关教育理论和调查报告，建立实验指标评价系统。指标系统是评价系统的关键部分，包括三方面内容：一是指标内容；二是权重计算、指标排列；三是评价标准的设定。

教师需要花费大量的时间和精力研究、编写初中物理课本中关于学生分组实验内容的笔试题目，事实上这项任务可以由中学学校的物理学科教研组所有教师通力完成。这样，学生的笔试题目在学校范围内就统一了，有利于实验评价的客观公平性。教师要仔细观察学生的实验过程，及时有效地填写实验评价表，如果学生只得到了一个最终以分数为表现形式的成绩，那么该实验评价对学生是不能起到促进作用的。所以实验课后，教师要对学生的实验评价表进行计算整理得到定量的成绩，教师要据此给学生定性的评价，将定量和定性的评价结果同时反馈给学生，肯定优点，指导不足，指明进步方向，这样能对学生的主动学习起到激励和正向调节作用，促进学生全面发展。实验评价应该是发展性的评价，应该是学生实验课程的一个重要环节之一，持续性的评价对学生的发展才有意义，教师需要和学生一起将学生的实验报告、实验评价表、笔试卷、实验创新等整理成学生实验发展档案，记录学生的成长。在物理实验评价体系中，学生是实验评价的主角，首先学生最重要的是要完成分组实验内容，并完成实验报告，学生要通过该实验对应的笔试，有操作有理论，学生能加深对实验的理解与运用。最后，学生要根据自己的实验情况如实地填写实验评价表的自我部分，同时要对同实验小组成员评价，填写实验评价表，这样学生能发现其他同学的闪光点，对自身有激励和鞭策的作用。最后，学生还要写实验小结，把实验中创新的部分、遇到问题通过自身的努力解决的部分写成小结，或者将物理小制作、小发明等以图片和文字的形式表现出来。

第三节　基于层次分析法的初中物理实验教学评价运用检验

一、检验的意义

《基础教育课程改革纲要》指出，学生学习评价不仅要关注学生的学业成绩，而且要发现和发展学生多方面的潜能，了解学生发展的需求，帮助学生认识自我，建立信心，促进学生在原有水平上的发展。基于层次分析法的初中物理实验教学评价是一个持续性的评价体系，建立的目的是适应《基础教育课程改革纲要》的需要，应用的结果应该促进学生在原有水平上的发展，在实际的实验教学应用中，该评价体系应该是能客观地、科学地反映学生的真实水平，促进教师实验教学方式方法不断改善、提高，教学相长，促进学生的全面发展。

二、实施过程

笔者将基于层次分析法的初中物理实验教学评价应用于实际教学中，采用实验对比法，以两个八年级教学班级为实验对象，其中，八年级3班为实验班，八年级4班为对照班，学生人数相同，八年级物理是新开设的课程，对于物理实验，学生更是新接触，所以两个班级的原有物理实验水平是一致的。笔者在3班学生分组实验时采用基于层次分析法的初中物理实验教学评价，实验为时21个月，以八年级两学期期末考试和九年级结课、模拟、毕业考试试卷的物理实验部分成绩为标准，即笔者在每次考试后，找出关于物理实验的考题并计算分数，结合每个学生的得分情况，通过不断地将实验班与对照班进行成绩比较，观察学生能力的全面发展情况，以检测该评价体系在实际教学中的应用效果。

笔者在实验班利用基于层次分析法的物理实验教学评价体系，在对照班级利用实验评价单，用时四个学期，通过对两个班级学生分组情况的观察研究和成绩统计发现，实验班学生做实验的积极性、严谨性明显高于对照班级，学生设计实验的能力也在稳步提高，最大的差异是学生的创新能力较对照班级进步得更多，而且时间越长，实验的效果越明显，从五次实验成绩的对比中证实了这一点。所以，基于层次分析法的初中物理实验教学评价在学生分组实验的课堂上起到了一定的积极作用，提高了学生动手、动脑的能力，促进教师教学水平的不断提高，促进了学生的全面发展。

一个成熟的教育评价体系的建立需要反复地应用和修正优化，要用发展性的评价观来研究评价体系。基于层次分析法的初中物理实验教学评价是用发展性的评价观去评价学生的分组实验，对学生有激励、反思的作用，在一定程度上促进了学生的全面发展。受知识、能力的限制，笔者建立的分组实验评价体系也有一定的局限性，有创新性地方，也有不足之处。

笔者经过大量的调查、研究，根据三维目标内容，多角度设置指标，尤其是加入了情感态度与价值观的指标内容。评价指标通过调查、研究，利用层次分析法进行了权重排序设置，指标权重不再是均分或者任意赋值。评价者由教师、学生本人、同组学生三者组成，改变了以往教师评价的局限性，从不同的角度衡量、促进学生的发展。采用笔试与实验操作相结合的方式，笔试分为开卷和闭卷部分。教师可根据定量的分数轻易地掌握每个学生的实验水平，也能反馈给学生定性的实验评价，帮助学生发现、纠正问题，学生也能根据实验评价表直观地看到自己的进步与不足。

评价系统为学生设计了学生实验成长档案，淡化分数、等级，学生能与原来的自己比较，看到自己的成绩和努力方向，既能正确认识自己，又能增强自信，激励、鞭策自己。

参考文献 REFERENCES

[1]曹继纲．初中物理教学中"教"的策略例谈[J]. 中学物理，2020，38（04）：2-4.

[2]何芳芝．微课在高中物理实验教学中的应用研究[D]. 武汉：华中师范大学，2020.

[3]黄健新．关于长度计量仪器测量误差控制研究[J]. 电子测试，2020（10）：100-101.

[4]贾建刚．对于学生已知原因实验的操作策略[J]. 实验教学与仪器，2013，30（09）：59-60.

[5]来清民．中学物理学科专业知识[M]. 北京：首都师范大学出版社，2010.

[6]李静静．基于层次分析法的初中物理实验教学评价[D]. 天津：天津师范大学，2019.

[7]刘彬生．高中物理实验教学研究[M]. 南宁：广西教育出版社，2019.

[8]孙晶华，王晓峰，陈淑妍．大学物理实验教程[M]. 哈尔滨：哈尔滨工程大学出版社，2016.

[9]陶红艳．初中物理实验教学平台应用有效性研究[D]. 长春：东北师范大学，2012.

[10]田光辉．初高中物理教学衔接中电学问题的研究[D]. 南充：西华师范大学，2020.

[11]王较过，马亚鹏，任丽平．中学物理教学案例研究[M]. 西安：陕西师范大学出版总社，2019.

[12]王玲玲．浅谈在初中物理复习中的实验教学[J]. 考试周刊，2020（22）：139-140.

[13]王新瑞．信息技术与初中物理教学深度融合的实践研究[D]．济宁：曲阜师范大学，2019．

[14]温宁花，温盛伟．物理[M]．南昌：江西高校出版社，2012．

[15]邬云文．中学物理教学理论与方法[M]．北京：北京邮电大学出版社，2017．

[16]肖娟．初中物理分组实验教学改进策略与实践[D]．赣州：赣南师范大学，2017．

[17]徐锦新．物理实验中如何减少测量力的误差[J]．名师在线，2019（06）：81-82．

[18]张朝可．浅论高职物理电学教学的两个问题[J]．科技经济导刊，2020，28（25）：143-144．

[19]张芳田．初中物理光学实验教具改进实践研究[D]．重庆：西南大学，2020．

[20]张宪魁．物理科学方法教育[M]．青岛：中国海洋大学出版社，2015．

[21]赵华，吕清，刘亚川,等．电子测量技术及仪器[M]．北京：北京邮电大学出版社，2018．

[22]周华．中学物理教学[M]．沈阳：东北大学出版社，2012．

[23]朱杰．新课程背景下初中物理实验的优化与实践[D]．武汉：华中师范大学，2019．

[24]朱思多．初中物理分组实验教学的优化策略及实践[D]．重庆：西南大学，2020．

[25]朱文军，陆海鲲．新课程初中物理教学实践研究[M]．北京：中国财富出版社，2012．